CW01636662

COLLECTION FOLIO

Jean Anouilh

La culotte

La Table Ronde

© *Éditions de la Table Ronde, 1978.*

Jean Anouilh est né en 1910, à Bordeaux. Il a été secrétaire de Louis Jouvet avant de devenir auteur dramatique. Sa première pièce, *L'Hermine,* a été écrite en 1932. Depuis, Jean Anouilh n'a cessé d'enrichir le répertoire dramatique, avec une œuvre qu'il classe en « pièces roses », « pièces noires », « pièces grincantes », « pièces brillantes », « pièces costumées », « pièces secrètes », « pièces farceuses »...

La Culotte a été représentée pour la première fois à Paris le 19 septembre 1978 au Théâtre de l'Atelier, dans une mise en scène de Jean Anouilh et de Roland Piétri, décors de Jean-Denis Malclès, avec par ordre d'entrée en scène : Jean-Pierre Marielle, Madeleine Cheminat, Ariane Carletti, Gilberte Géniat, Marco Perrin, Jacqueline Jehanneuf, Sylvain Rougerie, Nicolle Vassel, Christian Marin, Odile Mallet, Anne-Marie Jabraud, Yvonne Décade.

PERSONNAGES

LÉON DE SAINT-PÉ, *académicien*
LEBELLUC, *son ami, avocat*
TOTO, *vingt ans, son fils*
LA FICELLE, *son domestique*
ADA, *sa femme*
MARIE-CHRISTINE, *dix ans, sa fille*
LA GRAND-MÈRE
FLIPOTE, *sa domestique épouse La Ficelle*
LA NOUVELLE BONNE
LA PRÉSIDENTE DU COMITÉ DES FEMMES LIBRES DU XVIe
LA DEUXIÈME FEMME-JUGE
LA TROISIÈME FEMME-JUGE

La scène est en France, dans un avenir très proche.

Un décor sordide et bizarre fait de choses cassées et de rideaux en loques.

Les personnages aussi sont en loques, les maîtres comme les domestiques.

Au milieu de la scène, un poteau de torture auquel est attaché un homme d'une cinquantaine d'années vêtu d'un vieil uniforme d'académicien délavé.

Au lever du rideau, il semble endormi.

La grand-mère traverse la scène tenant par la main une petite fille d'une dizaine d'années.

Tous les personnages, même la petite, ont peut-être des faux nez — avec leurs uniformes et leurs défroques bizarres, ce sont des clowns.

LA GRAND-MÈRE

Dépêche-toi, Marie-Christine, ou tu seras en retard à l'école et tu te feras gronder par Madame la Directrice.

MARIE-CHRISTINE *demande, passant.*

Pourquoi papa il est toujours attaché ?

LA GRAND-MÈRE

Parce qu'il a fait un enfant à la bonne.

MARIE-CHRISTINE, *sortant.*

Et on ne le détachera plus jamais ?

LA GRAND-MÈRE

Si. Tout à l'heure. Pour écrire son article pour le *Figaro.*

Elles sont sorties.

Entrent avec des chiffons, des balais, un vieil aspirateur, Flipote et La Ficelle les domestiques. Ils sont eux aussi en haillons, mais on reconnaît leur condition à ce qui leur reste de tabliers et de gilet rayé pour l'homme.

FLIPOTE, *houspillant son mari.*

Malheureux que tu n'es ! Cinq enfants que tu n'as ! Et tu vas boire des à-cafés, des à-liqueurs, des anisettes !

LA FICELLE, *esquivant les coups.*

Mensonges ! Deux doigts de rouge avec le chauffeur de la Présidente. Il avait froid, il y avait deux heures qu'il attendait sa patronne sur le trottoir par moins cinq ! Je ne pouvais tout de même pas le laisser crever, ce pauvre nègre ?

FLIPOTE

Ivrogne ! Raciste ! Que je t'y reprenne et je te casse mon balai sur le dos ! Phallocrate ! Allez, passe-moi l'aspirateur, enlève toute leur merde — et ne parle pas au vieux. Madame l'a interdit !

Elle est sortie.

La Ficelle commence à passer l'aspirateur. Au bout d'un moment le bruit réveille l'académicien.

LÉON, *se réveillant et bâillant.*

C'est le matin ?

LA FICELLE

Je n'ai pas le droit de vous parler.

LÉON

Je ne te demande pas de me parler. Je te demande de me dire si c'est le matin.

LA FICELLE, *travaillant.*

C'est le matin. Mais je ne vous l'aurais pas dit. Vous l'auriez deviné.

LÉON *demande, minable, après un temps.*

Tu crois qu'elles vont m'apporter du café ?

LA FICELLE, *travaillant.*

Peut-être. Si vous n'êtes pas puni aujourd'hui — quand elles vous détacheront la main droite pour écrire votre article du *Figaro*. Je vous dis ça, mais je n'ai pas le droit de vous le dire. Alors faites comme si je ne vous l'avais pas dit.

LÉON

Si c'est ta femme qui l'apporte, tu ne pourrais pas essayer de lui demander de me détacher aussi la main gauche ? J'ai des crampes.

LA FICELLE

Comme vous y allez ! C'est risqué. Cela fait déjà trois balais qu'elle me casse sur le dos. Qu'est-ce que vous voulez, nous sommes tous des cochons, des racistes, des phallocrates et il fallait bien payer un jour ! Avouez que vous y avez été un peu fort, aussi, de faire un enfant à la bonne !

LÉON

Elle était si douce... C'est la première fois depuis longtemps que quelqu'un me parlait gentiment. C'était comme ma petite maman, tout d'un coup. Il y a plus de cinquante ans que je rêvais d'une petite maman.

LA FICELLE, *avec un certain bon sens.*

Ce n'était peut-être pas une raison pour la rendre mère...

LÉON, *agacé.*

Tu es d'avant l'instruction obligatoire. Tu n'as pas entendu parler de la psychanalyse. Tu ne comprends pas. Tu ne sais même pas ce que c'est qu'une pulsion.

LA FICELLE

Non, mais j'ai fricoté comme tout un chacun, du temps où c'était encore permis. Motus ! Ça coûte trop cher maintenant !

LÉON *poursuit son rêve.*

Et puis la peau de ses cuisses était très douce... La peau des cuisses de Madame est grenue, comme son âme.

LA FICELLE

Il fallait y penser il y a vingt ans, quand vous l'avez mariée !

LÉON

Il y a vingt ans la peau de ses cuisses était douce. Et son âme aussi, je croyais.

LA FICELLE

Tout s'use.

Il constate que son engin ne marche plus.

L'aspirateur aussi est usé. Je vais continuer au balai. Mais si vous dites que je vous ai parlé, je dirai que vous avez menti. Et c'est moi qu'on croira, parce que je fais partie des classes laborieuses. Le peuple a toujours raison, maintenant.

LÉON

Depuis que je suis attaché, je ne suis plus au courant de rien. La révolution est faite ?

LA FICELLE

Ça vient. A vrai dire, ça va et ça vient. Mais pour le moment, ça va : ça vient.

LÉON

Et le *Figaro* existe toujours ?

LA FICELLE

Bien sûr, puisque vous écrivez dedans tous les matins. Il fait comme tout le monde, il s'adapte.

LÉON *demande.*

Qu'est-ce que tu y gagneras, toi, à la Révolution ?

LA FICELLE

Je ne sais pas. Peut-être qu'on n'en parlera plus. Ça serait déjà quelque chose. Mais motus ! Si vous dites que je vous ai parlé, je vous dénonce pour propos phallocrates au Comité des Femmes Libérées du XVIe.

LÉON, *peiné.*

Tu ferais ça, toi, mon vieux copain ?

LA FICELLE

Pour sauver mes couilles je ferais n'importe quoi. Avant-hier elles ont émasculé le charcutier de la rue de l'Assomption. Parce qu'il avait fait à une cliente une plaisanterie, vieille comme les rues, sur les saucisses. Elle a été se plaindre au Comité, et rang !

LÉON, *nostalgique.*

Pour ce que tu en fais de tes couilles !...

LA FICELLE

Si la contre-révolution arrivait avant que je sois trop vieux elles pourraient encore me servir.

Il s'arrête, terrifié.

Si vous dites que je vous ai dit ça, je dirai que c'est vous qui me l'avez dit ! Et c'est moi qu'on croira. Le peuple ne ment jamais, maintenant.

Il est sorti.

L'académicien murmure resté seul, se dégourdissant tant bien que mal.

LÉON

Vingt dieux ! Dire que j'ai hésité si longtemps à entrer à l'Académie française ! Finalement c'est l'uniforme qui m'a décidé. Il n'y a plus que nous qui sommes brodés... Mais dormir avec ça la nuit — ça gratte... Si au moins elles m'avaient laissé mon épée... J'aurais peut-être pu me défendre ? Mais que faire contre sa famille ? J'ai assez de remords comme ça... Au début je n'en avais pas tellement... Mais depuis que j'ai ma séance quotidienne d'autocritique, j'ai appris à les nourrir tous les matins, comme des petits chats... Ils prospèrent, les mignons, ils engraissent... C'est drôle, je me suis fait à eux. Je les aime bien maintenant.

Il ajoute soudain, pudique et gourmand.

Surtout un.

Entre Ada, quarante, quarante-cinq ans, en loques comme tout le monde, mais empanachée et avec toutes ses fausses perles sur sa robe de soie effilochée et des plumes à son chapeau cabossé. On la dirait parée pour je ne sais quel gala de clochards.

ADA, *achevant de mettre ses gants troués.*

Où en sont tes remords, ce matin ?

LÉON

Je ne sais pas. J'ai trop de crampes. C'est dur, la nuit !

ADA

Ne pleurniche pas sur ton sort. Tu sais bien que c'est inutile. Tu as mérité quinze jours de poteau de torture. Tu te rappelles pourquoi ?

LÉON, *soumis.*

Oui.

ADA

Tu me le rediras en détail tout à l'heure, comme chaque matin. Tu auras ta séance d'autocritique, dès que je reviendrai de chez le coiffeur. Je me dépêche. Je suis en retard — et tu sais comme Sandro est susceptible !

LÉON *soupire.*

Il en a de la chance !

ADA *s'arrête, agacée.*

Qui ?

LÉON

Ton coiffeur, de pouvoir être susceptible, lui !

ADA

Sandro a du génie, il rend les femmes belles et il est homosexuel. Tu ne vas tout de même pas comparer ?

LÉON, *piteux.*

Non, évidemment. On ne va pas me détacher un peu ? J'ai des crampes...

ADA, *sortant.*

Tout à l'heure, la main droite pour écrire ton article du *Figaro.*

LÉON, *humble.*

Et la gauche ?

ADA *se retourne, flamboyante.*

Tu rêves mon bonhomme ? Tu oublies peut-être ce que tu en as fait de tes deux mains, quand elles étaient libres, pourceau !

LÉON, *vaincu.*

Non. Je ne l'oublie pas.

ADA

La nouvelle camarade — employée de maison — bonne à tout faire — secrétaire — t'apportera tout à l'heure ton bloc et ton stylo et elle te surveillera pendant tout le temps que tu écris. A moins que tu ne préfères lui dicter ? Elle sait la sténo.

LÉON

Non. L'inspiration ne vient pas en dictant. Et puis ça me dégourdira au moins une main.

ADA

A ton aise ! Je l'ai choisie jolie, exprès, pour que tu puisses souffrir davantage, porc ! Répète : « Je suis un porc ! »

LÉON, *docile.*

Je suis un porc.

ADA

C'est bien. Ne te fais aucune illusion sur celle-là. Elle fait partie du Mouvement des Femmes Libérées du XVIe et, tiens-toi-le pour dit, elle me répétera tout ce que tu lui auras dit. Moi je te prends en main en sortant de chez le coiffeur pour ta séance d'autocritique. Et je ne désespère pas de laver ton pauvre cerveau, mon bonhomme — ne serait-ce que pour les enfants ! En tout cas, je ferai jusqu'au bout mon devoir d'épouse et de mère. Dis-moi « Merci Ada ».

LÉON, *morne.*

Merci Ada.

ADA

C'est bien. Le cœur n'y est pas, mais on ne peut pas demander davantage à un homme sans cœur. A tout à l'heure pour ta séance. Prépare-toi. Fais des révisions complètes.

Elle est sortie.

LÉON, *resté seul, s'écrie soudain.*

Merde !

Il se reprend, confus.

Je n'aurais peut-être pas dû dire merde. Elle est sûrement pleine de bonnes intentions... Elle m'est restée fidèle pendant vingt ans et tous mes amis prétendent qu'elle est intelligente et bonne. Il n'y a peut-être que moi qui ne l'ai pas remarqué ? Vingt ans d'inattention, cela arrive... Et j'ai peut-être été vraiment un porc ?

Il gémit, torturé.

Je ne sais plus !

Il crie soudain.

Coupable, Votre Honneur !... Comme je vois le monde se dessiner, je crois qu'on a intérêt à plaider tous coupables.

Il crie encore, pathétique.

Coupable, Votre Honneur ! J'ai fait un enfant à la bonne. C'est un fait.

Il ajoute avec un sourire tendre.

Un fait très doux, comme la peau de ses cuisses. Et comme sa voix. Elle me parlait si gentiment.

Il pleurniche un peu.

Ma petite maman. Où es-tu maintenant ? Elles t'ont escamotée comme dans une trappe...

Il se reprend, effrayé.

Tais-toi, misérable ! Tu es seul, je le sais, mais tu serais capable de te dénoncer toi-même, tout à l'heure, quand elle t'aura pris en main... Entraîne-toi plutôt pour ta séance; donne à manger à tes remords... Venez, venez, mes mignons! C'est l'heure de la pâtée... Je vais essayer de me rappeler tout ce que j'ai fait de vilain... Allons-y! Je commence à douze ans... Quoiqu'à douze ans déjà... Non. En deçà, c'est l'enfance, c'est l'innocence... Enfin, dans le nouveau code, c'est admis. Je commence à douze ans... D'abord, mes rêves. Saint Freud, priez pour moi!

Il entre en méditation pieuse.

Au bout d'un instant, entre son fils Toto, vingt ans.

TOTO

Dis donc papa, tu ne me refilerais pas tes vernis d'académicien? Je sors ce soir.

LÉON

Et moi?

TOTO

Il ne faut pas être trop égoïste! Tu es attaché. Tes chaussettes te suffiront. Tu es condamné à combien?

LÉON

Quinze jours.

TOTO

C'est pour l'affaire de la bonne?

LÉON

Oui.

TOTO

Tu te repens, au moins? Elle était moche.

Le père, vexé, ne répond rien.
Toto enchaîne.

Allez, donne-les-moi tes vernis ! De bonne grâce, comme on disait de ton temps.

LÉON, *buté.*

Non. Ils sont à moi, et je n'ai plus tant de choses. Attends ma mort.

TOTO

Je n'aime pas remettre. Et si je te les prends de force ?

LÉON

Tu violenterais un homme ligoté ?

TOTO

Oui.

LÉON

Tu n'as donc pas d'honneur ?

TOTO

Non.

LÉON *s'écrie soudain, amer et rageur.*

C'est bien fait ! C'est bien fait !

TOTO, *qui ne comprend pas.*

Qu'est-ce qui est bien fait ? Pour qui ?

LÉON

Pour moi. J'ai souhaité passionnément un fils et maintenant que tu es grand je peux te le dire : je t'ai fait exprès !

TOTO

Égoïste ! Je ne t'avais rien demandé.

LÉON

Mon grand-père n'avait eu que des filles ; mon père n'avait eu que des filles...

TOTO

Première nouvelle ! Tu n'es donc pas de ton père ?

LÉON

Non. Ma mère seule a vu son visage. Moi, je suis arrivé neuf mois trop tard.

TOTO

Tu en as de la chance !

LÉON

Pourquoi ?

TOTO, *l'œil méchant.*

Cherche ! Tu trouveras sûrement.

LÉON, *agacé.*

Laisse-moi poursuivre ma pensée... C'est déjà assez difficile, pour un Français, de parler les mains attachées !... Où en étais-je ?

TOTO

Ton grand-père n'avait eu que des filles ; ton père n'avait eu que des filles. D'où mon étonnement et la digression.

LÉON

Et du côté de ta mère, pareil. Des filles, des filles,

des filles... Tu as treize tantes et soixante-douze cousines...

TOTO

Je vois, un vrai bordel ! Et me voilà, pourtant. Explique-toi, c'est le moment.

LÉON

Il faut te dire qu'à l'époque de ta naissance, je trompais déjà ta mère.

TOTO

Tu ne devrais pas me révéler ça aussi brutalement. Je suis un révolté, mais pétri de conventions quand il s'agit des autres. Tu ne vas tout de même pas me dire que je ne suis pas d'elle ?

LÉON

Non. Là-dessus pas de doute : je t'ai vu sortir. La mode avait déjà commencé, il y a vingt ans, d'inviter les pères à la boucherie.

TOTO

Que je ne suis pas de toi, alors ?

LÉON

Ce serait une hypothèse de travail ; mais elle m'a été désespérément fidèle — pour des raisons, d'ailleurs, qui ne me flattent pas du tout. Et tu as mon nez.

TOTO, *amer.*

Si tu veux, je peux te le rendre ?

LÉON, *triste.*

Merci. Le mien me suffit. Alors, tu ne me demandes pas l'explication ?

TOTO

Je la sens venir. Nous sommes au sommet du suspense et tu brûles de vider ton sac. Tu vas d'ailleurs dire un mensonge ; je te connais, notre nez remue !

LÉON

C'est pourtant la stricte vérité. J'avais lu dans un magazine scientifique que la nature donne toujours un successeur au plus faible. Ce sont les pères épuisés qui font les fils.

TOTO

Et comme tu rêvais de ma venue — un peu inconsidérément, je l'avoue — tu t'es mis à jeûner ?

LÉON

Non. Malgré les emmerdements multiples de ma vie, j'ai toujours conservé un solide appétit. Une fois, j'ai voulu faire la grève de la faim, pour contrer ta mère qui avait été un peu loin : j'ai tenu jusqu'au fromage. Mais à l'époque, en dehors des aventures de rencontre, bien entendu, j'avais deux maîtresses en titre ; — à cette époque-là, mon cher, j'étais un athlète — la bonne...

TOTO

Déjà ?

LÉON

Une autre bien sûr ! Une belle rousse. Elle me montait tous les matins mon petit déjeuner dans mon bureau, en haut de la tour où je travaillais, dès l'aube. J'ai toujours travaillé dur, moi !

TOTO

Tu préparais déjà l'Académie française, petit ambitieux ?

LÉON

Oui, mais je n'ai été reçu que la troisième fois, comme au bachot. J'étais aussi l'amant d'une petite comédienne ravissante. Je ne te donne pas son nom, par discrétion, mais tu la connais ; c'est l'actuelle doyenne du Français.

TOTO, *de marbre.*

Épargne-moi les détails graveleux. Je suis tout de même ton fils.

LÉON *soupire.*

Hélas !

Il enchaîne.

J'étais très amoureux de ma petite amie — si tu la voyais maintenant, tu rirais ! Mais que veux-tu mon petit, le temps passe ! — J'avais forniqué avec elle toute la soirée dans ma garçonnière et tu sais ce que c'est quand on est très amoureux ?

TOTO

Abrège, je te dis ! Les chiffres n'y font rien et, de plus, ils sont toujours exagérés.

LÉON, *rêveur.*

Tout de même ; c'était le bon temps ! Maintenant, je peux bien te l'avouer mon garçon...

TOTO, *ferme.*

Non, papa. Tu ne *peux pas* me l'avouer. Et la chute de tes statistiques est le cadet de mes soucis. En bref ?

LÉON

En bref, je rentre à minuit harassé; disant que j'avais été au théâtre...

TOTO

Dangereux, ça! On peut se faire coller sur le sujet de la pièce.

LÉON, *madré.*

Non. C'était le *Cid.* J'avais pris mes précautions. Ta mère dormait sur le ventre, il faisait chaud, elle s'était dénudée en dormant. Elle était encore très mignonne à l'époque... J'étais épuisé, ratissé, mon cher! Je ne pouvais pas imaginer que j'étais encore capable de désir... Hé bien, si!

TOTO, *violent soudain,*
tout pâle crie comme un fou,
le saisissant par le col.

Hé bien, non! Je refuse d'être né comme cela, salaud!

LÉON, *rigolant, ignoble.*

Que veux-tu, mon garçon, je m'étais mis dans les conditions prévues par la science, j'étais le plus faible! Et c'est comme ça que tu es né, contre toutes les lois de la génétique!

TOTO, *hors de lui, le secouant.*

Triple salaud! Vieille loque! Allez, aboule-les, tes vernis d'académicien!

Il lui saute dessus.

Et ça ne sert à rien de recroqueviller tes doigts de pieds, pour les retenir! Tu es resté le plus faible, lavette ! Et puis donne-moi dix mille balles en plus — je suis raide.

LÉON, *essayant de rester digne.*

Impossible ! J'ai les mains attachées.

TOTO

Justement ; je sais où tu les planques ; fesse droite, bien entendu, sale facho ! Merci. J'en prends vingt et je te laisse tout de même un billet pour faire le jeune homme quand maman te détachera — si elle te détache ! Tu vois que je ne suis pas si mauvais qu'on le dit !

LÉON *le regarde, lamentable,*
qui chausse ses vernis et empoche ses billets,
il lui demande
douloureusement, larmoyant :

Tu ne m'aimes pas, n'est-ce pas, mon petit ?

TOTO *le regarde, froid.*

Je me demande bien ce qui peut te faire dire ça.

Il est sorti sans un autre regard. Resté seul, Léon soupire :

LÉON

C'est sûrement ma faute ! Je ne me suis pas assez occupé de lui. J'aurais dû lui donner l'exemple. Mais quel exemple ?

Il appelle, comme des petits chats.

Minets ! Minets ! Minets ! Minets ! Venez mes petits ! Venez mes remords chéris ! Il y a de quoi manger ! Pas tout à la fois, petits gourmands, qu'il en reste un peu pour les autres !

Il pense un instant douloureusement et s'exclame, sincère et cocasse :

Et pourtant, moi, au fond, j'étais un moraliste ! Il n'y a qu'à lire tout ce que j'ai écrit. Il n'y a qu'à relire mes chroniques du *Figaro*... Par dizaines, des abonnés m'écrivent du fond de la Bretagne ou du Cantal, pour me dire : « Continuez ! Vous menez le bon combat ! Il faut que la France reste propre, il faut que la France reste la France ! » La pornographie, le mercantilisme judéo-américain, bassement sordide, qui c'est qui l'a toujours combattu ?

Une lectrice de Ploubala m'a même écrit : « Continuez, Monsieur, votre stylo est une lance. Soyez notre Saint Georges, terrassez le dragon ! » J'ai toujours défendu la famille, moi, l'intégrité des mœurs, le devoir. En première ligne, à dix nouveaux francs la ligne, sans prendre garde aux coups ! J'ai même eu des ennuis avec le ministère de l'Avortement qui a prétendu que mes chroniques étaient traumatisantes pour les jeunes candidates à l'interruption de grossesse. La Présidence de la République a fait des pressions sur la direction du *Figaro* — je l'ai su — en exigeant que ma campagne cesse : elle troublait la morale publique. Et c'est cette attitude intégriste qui m'a probablement coûté le Prix Nobel !

Il s'exclame.

D'ailleurs, je l'aurais refusé, comme Sartre, et pour des raisons contraires !

Il ajoute.

Ou, en tout cas, si j'avais accepté le chèque, je n'aurais pas été en personne, à Stockholm, le recevoir. Je ne mange pas de ce pain-là. J'aurais envoyé mon éditeur.

Il s'exclame encore, se redressant, autant qu'il le peut, attaché.

Il y a peu d'hommes de lettres qui puissent porter la tête aussi haute ! Qui aient un passé aussi net que le mien. J'ai été un héros de la Résistance. Pendant l'Occupation, je me suis fait publier sous un faux nom ! Alors, que me reproche-t-on ?

Il crie, fièrement, attaché, dans la pièce vide.

Maintenant j'exige qu'on me réponde !

Personne ne répond et pour cause, alors il ricane.

Votre silence est un aveu !

Il sourit, méprisant.

J'ai couché avec la bonne ? Ça, c'est mon esprit social. Si j'avais été l'amant de Mélusine Melita, comme tout le monde, ou de toute autre actrice célèbre, on n'aurait rien dit. On aurait trouvé cela parisien. Mais se rapprocher du peuple — et autrement qu'avec des mots — pouah ! N'est-ce pas ? Pouah !

Il conclut, amer et lucide.

Au fond j'écris dans le *Figaro*, mais je suis plutôt un homme de gauche. Et c'est ça que la gauche ne me pardonne pas ! Il n'y a pas plus réac que ces gens-là !

La nouvelle bonne est entrée, avec le bloc et le stylo, une petite paysanne délurée, mais qui serait plutôt mignonne :

LA NOUVELLE BONNE

Je suis la nouvelle employée de maison. Je viens vous détacher la main droite pour écrire votre article du *Figaro*.

LÉON, *encore sur sa lancée d'indignation.*

Merci, mon enfant. Ils vont voir de quel bois je me chauffe ! Je dirai tout !

LA NOUVELLE BONNE, *qui a défait ses liens et lui présente son stylo.*

Voilà. Je sous dévisse le capuchon ?

LÉON, *qui la regarde pour la première fois, s'exclame, ravi.*

Quelle jolie expression ! Mais c'est prématuré.

Il secoue sa main engourdie, maladroit.

Je ne sais pas si je vais pouvoir écrire tout de suite. Elle est engourdie, forcément. Vous ne pourriez pas me détacher aussi la main gauche afin que je me frotte la droite ?

LA NOUVELLE BONNE, *ferme.*

Non. C'est interdit. Madame m'a dit seulement une main.

LÉON

Alors vous pourriez peut-être me la frotter vous-même, je ne vais positivement pas pouvoir tenir mon stylo.

LA NOUVELLE BONNE, *le frottant.*

Je veux bien. Comme ça ?

LÉON

Merci, mon enfant. Vous avez du cœur. De nos jours, c'est de plus en plus rare. L'émancipation de la femme, qui lui a ouvert la porte du sexe, l'aurait plutôt fermée de ce côté-là.

Elle le frotte vigoureusement, il grimace.

Aïe ! Il faut que le sang revienne voilà tout. Tenez-la peut-être entre vos deux mains, au lieu de frotter. Cela sera plus doux.

LA NOUVELLE BONNE

C'est que moi aussi, je les ai glacées. Je viens de faire les lainages de la petite et Madame m'a dit à l'eau froide.

LÉON

Il faut pourtant que je me réchauffe ou je ne pourrai pas tenir mon stylo. Et c'est notre gagne-pain à tous ici. Pas d'article du *Figaro*, pas de beefsteack. Elles le savent bien, les garces, c'est pour ça qu'elles me détachent la main droite tous les matins !

LA NOUVELLE BONNE

Qu'est-ce que vous avez donc fait pour être condamné au poteau ?

LÉON *hausse les épaules.*

Rien. Rien du tout, des broutilles... Mais vous savez on vous condamne pour des riens de nos jours, il suffit de s'écarter un tant soit peu de la ligne... C'est vrai que vos mains aussi sont froides mon enfant !

Il suggère, innocent.

Entre vos cuisses, ce serait peut-être vous demander beaucoup ; de but en blanc ; mais si vous la mettiez peut-être sous votre bras, ma pauvre main ? L'aisselle est un des endroits les plus chauds du corps. On y prend la température quand, pour une raison ou pour une autre, on ne veut pas la prendre au derrière : c'est vous dire !

LA NOUVELLE BONNE, *lui mettant gentiment la main sous son aisselle.*

Je veux bien, si ça vous fait du bien. Comme ça?

LÉON

Oui, comme ça.

Un instant de silence où se crée entre eux une sorte d'intimité.

LA NOUVELLE BONNE *demande.*

Ça vient?

LÉON, *pénétré.*

Ça va venir. C'est curieux le sang; ça se retire et puis ça revient. Violemment parfois. C'est une sensation presque douloureuse mais délicieuse en même temps.

Il explique, suave.

C'est ce qu'on appelle communément les fourmis.

LA NOUVELLE BONNE, *calme.*

Oui. Seulement, il ne faut pas me toucher le sein.

LÉON, *étonné.*

J'ai bougé les doigts?

LA NOUVELLE BONNE

Oui.

LÉON

Ce sont les fourmis. Je ne m'en suis pas rendu compte. Je vous prie de me pardonner cette inadvertance de ma pauvre main malade, mademoiselle.

LA NOUVELLE BONNE, *secrètement flattée.*

Oh ! ce n'était pas bien grave...

Elle constate.

Vous parlez bien !

LÉON, *modeste.*

C'est mon métier.

LA NOUVELLE BONNE

Il doit falloir être rudement instruit pour écrire ?

LÉON

Très instruit, oui.

LA NOUVELLE BONNE

Moi, je voudrais me cultiver. Parce que sans culture, de nos jours ! Je voulais être jardinière d'enfants, mais j'ai raté l'examen. L'épreuve de trigonométrie.

LÉON, *étonné tout de même.*

Il y a une épreuve de trigonométrie, maintenant, à l'examen de jardinière d'enfants ?

LA NOUVELLE BONNE

Coefficient 2. Et puis surtout, la philo : coefficient 4. Je suis tombée sur Kant. Les rapports entre l'Impératif Catégorique et le Libre Arbitre. J'ai pas su. J'aurais bien aimé, pourtant, jardinière d'enfants ! C'est moi qui ai élevé les quatre petits de ma sœur, qui est en usine. J'aurais bien su. Seulement, j'ai pas su Kant. Il faudra que je repasse l'année prochaine. Si Madame n'est pas trop exigeante, je vais essayer de me préparer le soir.

LÉON

Je pourrais peut-être vous aider ? Vous savez moi, Kant, c'est comme un copain. L'Impératif Catégorique c'est comme si je l'avais trouvé moi-même.

LA NOUVELLE BONNE, *éblouie.*

Vous feriez ça ?

LÉON, *lumineux.*

Avec joie, mon enfant !

LA NOUVELLE BONNE

Ce que vous êtes bon !

LÉON, *sincère.*

Oui. Tout le monde en doute ici, mais, au fond, je crois que je suis bon. Seulement voilà, il faudrait aussi me détacher la main gauche ; parce qu'avec une seule main, pour expliquer, ce n'est pas commode. Vous ne seriez pas obligée de le dire ; cela resterait entre nous.

LA NOUVELLE BONNE, *se refermant.*

Non ça, je ne peux vraiment pas. Elles me l'ont dit au Mouvement des Femmes Libérées du XVIe : je ne dois obéir qu'à Madame. C'est comme ça, maintenant. La société a évolué.

Elle demande.

Alors ça va mieux ; vous allez pouvoir l'écrire votre article du *Figaro ?*

LÉON

Oui. J'ai l'impression que ça va mieux.

LA NOUVELLE BONNE, *gentiment.*

Vous m'avez encore touché le sein !

LÉON

Il fallait bien que j'essaie de bouger mes doigts. Ça vous a fait mal ?

LA NOUVELLE BONNE *qui s'est dégagée.*

Non. Mais Madame m'a mise en garde : elle m'a dit que vous étiez un vieux cochon.

LÉON, *peiné.*

Comme c'est vulgaire ! Est-ce que j'ai l'air d'un vieux cochon ?

LA NOUVELLE BONNE, *gentiment.*

Vieux, oui. Cochon je ne sais pas encore. Mais je ne serai pas longue à m'en apercevoir. Vous savez, moi, j'ai commencé avec mon oncle, à quatorze ans !

LÉON, *s'exclame sincère.*

Quel vieux cochon !

LA NOUVELLE BONNE, *riant.*

Vous voyez, quand il s'agit d'un autre !

Elle ajoute.

Bob ! Il était tout de même gentil. Et puis enfin c'était mon oncle. Lui, il était de la famille.

LÉON, *indigné.*

La famille ! L'ordure ! Donnez-moi mon stylo. Je tiens mon article du *Figaro !* Qu'est-ce qu'ils vont prendre !

LA NOUVELLE BONNE, *lui présentant le bloc.*

Je vous tiens votre bloc, comme ça ?

LÉON

Non. Vous auriez des crampes vous aussi. Sur votre dos, comme le bossu de la rue Quincampoix. Tournez-vous. Courbez le dos. Encore. Plus près de moi. Là. C'est parfait. Vous me tenez lieu, en quelque sorte, de pupitre.

LA NOUVELLE BONNE,
se prêtant au jeu, bonne fille.

C'est marrant ! Qui c'était le bossu de la rue Quincampoix ?

LÉON, *qui secoue son stylo rétif.*

Un bossu. Qui se tenait rue Quincampoix ; comme son nom l'indique. La rue Quincampoix, c'était la Bourse de l'époque. On spéculait debout, sur le pavé. Alors, comme il fallait bien s'appuyer sur quelque chose, pour signer les ordres d'achat ou de vente, le bossu avait eu l'idée de prêter sa bosse. Il paraît que cela portait chance, aussi. Il a fait fortune comme ça !

LA NOUVELLE BONNE, *admirative.*

Ce que vous êtes instruit tout de même ! Vous aussi, vous auriez pu faire fortune aux jeux de la télévision, avec tout ce que vous savez !

LÉON, *qui écrit, inspiré.*

J'aurais pu. Mais j'ai toujours méprisé l'argent. J'ai préféré consacrer mon érudition à l'édification des masses laborieuses gratuitement ou presque dans le *Figaro*. Car ces gens-là paient très mal vous savez !

LA NOUVELLE BONNE, *demande,*
après un temps.

Vous croyez que c'est les masses laborieuses qui lisent le *Figaro !*

LÉON, *écrivant.*

Six cent mille lecteurs. Tous P.-D.G. Et vous croyez peut-être que les P.-D.G. ne travaillent pas dur ? C'est eux qui totalisent le maximum d'infarctus du myocarde. Et à quel nombre commencent les masses ? Six cent mille, cela commence à compter, non ? Eux aussi, c'est une masse laborieuse !

LA NOUVELLE BONNE

Je ne sais pas. Je n'en ai jamais connu de P.-D.G. Avant je travaillais dans un orphelinat. J'ai surtout connu des orphelins.

LÉON, *écrivant toujours, inspiré.*

Les P.-D.G. sont des hommes comme les autres ! Beaucoup même sont orphelins !

LA NOUVELLE BONNE, *apitoyée.*

Ah oui ? Les pauvres...

LÉON

Remarquez que cela les a pris généralement assez tard. Mais ce n'est pas moins triste.

Il écrit toujours fiévreusement.

LA NOUVELLE BONNE, *gentiment, au bout d'un temps.*

C'est marrant ! Je sens quand vous écrivez vite. Ça me chatouillerait presque, la vibration. Je ne suis pas une vraie bossue, comme Monsieur Quincampoix ; mais ça va tout de même ?

LÉON, *anodin, écrivant toujours.*

Un tout petit peu plus près ! Là. Vous êtes un ange. Mais si vous m'aviez détaché aussi la main gauche, ça aurait été mieux encore et moins fatigant pour vous. Je vous aurais soutenue...

LA NOUVELLE BONNE, *riant.*

Par les nénés ? Pas si bête ! Tant que votre main droite est occupée je sais que je ne risque rien. Il faut faire l'article et le boulot c'est sacré de nos jours ! Dans la nouvelle société tout le monde doit travailler.

LÉON, *hypocrite.*

Mais j'aurais continué à écrire...

Il cite.

Ta main droite doit ignorer ce que ta main gauche...

Ada a surgi soudain, extrêmement ondulée. Elle s'écrie :

ADA

Qu'est-ce que je vois ? Qu'est-ce que tu fais ?

LÉON, *d'une bonne foi évidente, après un court moment de stupeur.*

J'écris mon article.

ADA

Sur le dos de la bonne ? Redressez-vous immédiatement, petite idiote ! Je vous avais dit de me dire tout ce que Monsieur vous aurait dit !

LA NOUVELLE BONNE

Mais j'allais le dire à Madame ! Monsieur m'a expliqué le bossu de la rue Quincampoix. Il paraît que c'était un bossu d'autrefois qui se tenait rue Quincampoix et qui prêtait sa bosse pour jouer à la Bourse...

ADA, *la coupe.*

Je connais ! J'ai fait autant d'études que Monsieur — si ce n'est plus ! J'ai une licence de sociologie et pas lui. Vous êtes bien naïve, ma pauvre fille. Vous n'avez pas compris que, sous le prétexte de prêter son dos — à l'aide d'une référence historique qui est un chef-d'œuvre d'hypocrisie — on tend sa croupe et...

LÉON, *limpide.*

Qu'est-ce que tu vas chercher ?

LA NOUVELLE BONNE, *de bonne foi.*

Il ne pouvait rien, Madame ! Il n'avait qu'une main et tant qu'elle tenait le stylo...

ADA *soupire.*

Ma pauvre enfant ! On voit bien que vous ne savez pas ce que c'est qu'un homme !

LA NOUVELLE BONNE, *vexée.*

Si. Un peu tout de même...

ADA, *tonnant.*

Et dans sa tête ? Vous y étiez dans sa tête ?

LA NOUVELLE BONNE, *naïvement.*

Non. Je soutenais le bloc avec mon dos...

ADA, *découragée.*

C'est bien. Je veux croire que vous avez agi sans discernement. Laissez-nous.

LA NOUVELLE BONNE

Bien, Madame. Mais tant qu'il tenait le stylo...

Elle est sortie, vaguement vexée. Ada se retourne vers Léon, flamboyante :

ADA

A nous deux, mon bonhomme !

Elle a ramassé la corde, elle la tient menaçante.

Ton article est fini ?

LÉON, *froid.*

Pas encore. Mais si tu veux l'envoyer comme ça à la rédaction du *Figaro,* ils me le refuseront et adieu la pige.

ADA

C'est une révolte ? C'est un chantage ?

LÉON, *froid.*

C'est une constatation.

ADA, *menaçante, soudain.*

Tu te crois encore aux temps de la suprématie du mâle ? Tu sais que si je porte plainte, en rapportant les faits, au Comité Central des Femmes Libérées du XVIe, ça ne sera plus quinze, mais quinze plus huit, mon bonhomme, en attendant ton procès ?

LÉON, *vaincu soudain.*

Je n'ai rien dit de mal. Je t'ai dit que je n'avais pas fini mon article.

ADA, *l'attachant.*

Tu le reprendras tout à l'heure. Pour ta séance, tu dois être attaché, tu le sais bien.

LÉON

Qui a dit qu'on ne pouvait pas faire son autocritique les mains libres ?

ADA

Le règlement.

LÉON *grommelle*
pendant qu'elle finit de l'attacher au poteau.

Il a bon dos, le règlement.

ADA, *sévère.*

Aussi bon que celui de la bonne ?

Il baisse la tête sans répondre.

Tu vois bien que tu n'as pas la conscience tranquille, mon bonhomme. Tu as fait tes révisions complètes ?

LÉON *bafouille.*

Oui. En partie. C'est long une vie, on ne peut pas tout se rappeler.

ADA

Les cochonneries, ça ne s'oublie pas. Il suffit que vous vous rencontriez trente ans plus tard, entre camarades de collège ou de régiment, et la mémoire vous revient très bien. J'en ai assez entendu quand je vous laissais avec le cognac et les liqueurs dans ton bureau, après vos dîners d'anciens élèves !

LÉON *sursaute.*

Tu écoutais à la porte ?

ADA, *véhémente.*

C'était *ma* porte — et tu étais *mon* mari !

LÉON

Tu sais qu'il n'y a que les bonnes qui écoutent aux portes ?

ADA, *dressée soudain, venimeuse, hurle.*

Justement ! J'ai été ta bonne toute ma vie ! Alors je pouvais me le permettre, non ? Nie-le que j'ai été ta bonne, pendant vingt ans, à torcher tes enfants et tes plats, à décrasser tes chaussettes puantes, tes caleçons pourris ?

LÉON *crie aussi.*

Tu mens ! Grâce à ma collaboration régulière au *Figaro,* tu as toujours été servie ! Nous avons même eu un couple un temps : cuisinière et maître d'hôtel !

ADA *ricane.*

Parlons-en ! Quinze jours ! Et un joli couple en vérité ! La femme, oui, était une perle et une victime qu'il exploitait, ce maquereau ! Mais lui, un fainéant vicieux et mal embouché ! Il m'annonçait « Madame est servie » et en sortant, il pétait derrière la porte du salon pour me narguer. Nie-le !

LÉON, *froid soudain.*

Je ne le nie pas et je l'ai renvoyé à cause de cela au bout de quinze jours. Mais, écoute-moi bien, Ada. Ou c'est une scène de ménage ou c'est une séance d'autocritique. Si c'est une scène de ménage, il va nous falloir au moins deux heures, si tu ne brodes pas trop. Et je dois donner mon article, qui n'est toujours pas fini, au cycliste du *Figaro* avant midi. Sinon pas de pige aujourd'hui.

ADA, *calmée soudain.*

C'est bien. Tu m'avais mise hors de moi. Reprenons.

Elle s'assoit, chausse ses lunettes, prend son bloc.

Je regarde mes notes d'hier. Ton enfance. Où en étions-nous ? Ah ! oui. Cette petite, à treize ans, de deux ans ton aînée, qui t'a entraîné dans les cabinets...

LÉON, *essayant de minimiser.*

Bof !

ADA, *sévère.*

Non. Pas « Bof ! ». C'est elle qui a ouvert ta culotte, comme tu me l'as déclaré hier, ou c'est toi qui t'es déboutonné ? Essaie de te rappeler, c'est capital.

LÉON

C'est elle. Je le maintiens.

ADA, *neutre.*

Et cela t'a fait plaisir ?

LÉON

Oui.

ADA *sursaute, compulsant ses papiers.*

Comment, oui ? Hier tu m'avais dit non !

LÉON

Hier je n'avais pas le cerveau tout à fait lavé. J'étais encore un peu sale. Aujourd'hui je l'avoue, à ma honte, cela m'a fait plaisir.

ADA *note gravement.*

Bien. Première expérience, je coche : Plaisir. Et c'est elle qui a fait le geste ? Tu en es bien sûr ?

LÉON

C'était bien avant la pilule et le mouvement de libération ; mais tu sais, il y a toujours eu des femmes libérées ! C'était une petite pionnière, quoi !

Il larmoie, un peu attendri.

J'ai fait l'amour pour la première fois avec une petite pionnière ! C'est plutôt gentil.

ADA, *qui compulse son questionnaire.*

Ah ! j'oubliais ! Qu'est-ce qu'elle était, socialement ?

LÉON

La fille des fermiers de mon grand-père.

ADA, *sévère soudain.*

Et tu n'as pas songé une minute à ce que ton geste de petit bourgeois phallocrate et dominateur pouvait laisser comme séquelles dans l'âme candide de cette enfant du peuple ?

LÉON *gémit, ahuri.*

Mais puisque je te dis que c'est elle qui m'a déboutonné et qu'elle avait deux ans de plus que moi !

ADA *le contemple, glacée.*

Ordure. Répète après moi « Je suis une ordure bourgeoise ; j'ai souillé, pour la basse satisfaction de mes désirs pervers une enfant du peuple innocente, sans me soucier des traumatismes graves que cela pouvait lui causer, compromettant à jamais son avenir et la condamnant à la misère et au ruisseau ».

LÉON

Mais puisque je te dis que c'est elle qui m'avait débouto...

Il s'arrête sous le regard glacé d'Ada et répète docile.

« Je suis une ordure bourgeoise ; j'ai souillé pour la basse satisfaction de mes désirs pervers une enfant...

Il veut dire encore.

Elle avait deux ans de plus...

Il achève d'une voix inaudible : « que moi » et il reprend dompté :

LÉON

... du peuple innocente sans me soucier des traumatismes graves que cela pouvait lui causer, compromettant à jamais son avenir et la condamnant à la misère et au ruisseau. »

Il crie soudain.

Merde ! Ça lui avait fait plaisir aussi, beaucoup plus qu'à moi ! Elle s'est mariée à dix-huit ans avec le fils du boucher, ils ont eu sept enfants, ils ont onze succursales dans la région, le mari est Conseiller général, elle a un vison, elle est dame patronnesse et c'est eux qui ont racheté le château du pays !

ADA, *de glace, constate simplement.*

Triste individu. Tu es fermé à toute morale sociale. Tu découragerais une sainte. On te détachera exceptionnellement la main dans le courant de l'après-midi et tu me copieras cinquante fois la phrase.

Elle sort.

LÉON *crie encore hors de lui.*

Merde ! Et cette fois je ne m'en repens pas ! Merde ! Ah ! mais... Je n'écrirai pas mon article pour le *Figaro.* Na !

ADA *rendre soudain et demande.*

Qu'est-ce que tu as dit ?

LÉON, *penaud.*

J'ai dit « Na ! »

ADA

Et avant ?

LÉON, *du fond de sa lâcheté.*

J'ai oublié.

Ada sort sans un mot.

La Ficelle entre avec ses chiffons et ses balais pour finir le ménage.

LÉON *lui crie.*

La Ficelle, détache-moi ! Je te donnerai cent mille francs, mes petites économies, que j'ai cachées dans la coiffe de mon bicorne, et nous foutrons le camp tous les deux !

LA FICELLE

Où ? Elles ont des comités dans toute la France.

LÉON

En Suisse. C'est le seul pays où ils ont résisté. Il y a encore des cantons où elles ne votent pas.

LA FICELLE

On nous rattrapera avant la frontière. Et même si on arrivait jusque-là sans se faire prendre, il faut aux hommes un visa spécial pour sortir.

LÉON

Nous passerons sur le ventre des douanières ! Retrouve-moi mon épée ; nous nous défendrons au besoin.

LA FICELLE *secoue la tête.*

Ce n'est pas sérieux. La bonne femme ça a toujours été emmerdant, mais c'est la bonne femme. Il y a les enfants, on ne peut pas abandonner tout ça : de quoi ça vivrait ? On n'aurait pas la conscience tranquille.

LÉON *s'écrie, désespéré.*

Mais comment en est-on arrivés là, tous ?

LA FICELLE

Qu'est-ce que vous voulez ? On a tout de même dû être un peu cochons. On a tout de même dû abuser...

LÉON, *rêveur, rongé lui aussi par le doute.*

Tu crois ?

LE NOIR SOUDAIN.

Quand la lumière revient, l'académicien est toujours attaché au poteau au milieu de la scène. La Ficelle, qui a apporté une petite table roulante, est en train de l'aider à manger, car il n'a toujours que la main droite détachée.

LÉON

Coupe-moi encore un peu de viande et ne fais pas les bouchées trop grosses... Comme si elles n'avaient pas pu me détacher les deux mains au moment des repas ! C'est vexant à la fin, de se laisser nourrir comme une bébé. Détache-moi aussi la main gauche !

LA FICELLE, *ferme.*

Non. L'ordre c'est l'ordre. Jamais les deux mains à la fois a dit Madame.

LÉON, *qui mange.*

Pourquoi m'a-t-on fait manger si tard aujourd'hui ? J'avais faim.

LA FICELLE

J'avais ordre de ne vous servir que lorsque vous auriez fini votre article du *Figaro.* Le cycliste attendait en bas depuis une heure. Si vous n'aviez pas fini, vous sautiez le repas. C'était l'ordre.

LÉON

Et pourquoi encore des épinards ? Je ne les aime pas !

LA FICELLE

Parce que vous ne les aimez pas, justement. Madame a dit à Flipote qu'il fallait être ferme. Qu'à votre âge on devait commencer à manger de tout. Moi non plus je ne les aimais pas, petit, les épinards, et je m'y suis fait.

LÉON, *lamentable.*

Mais moi je suis grand !

LA FICELLE, *qui ne veut pas discuter.*

Ça va ! Je ne devrais déjà pas vous parler... Alors les discussions... Moi j'ai toujours obéi à mes chefs pour avoir la paix. Et c'est Madame, maintenant, le chef.

LÉON

Enfin, tu es un homme comme moi !

LA FICELLE

Non. Moi, je suis un salarié. Ce que je pense des patrons ça ne regarde personne, mais le patron, c'est le patron même en régime socialiste. Vous n'aviez qu'à vous débrouiller pour le rester, le patron.

Il le fait manger.

Vous voulez encore un petit bout de pain dans la sauce ? D'habitude vous aimez bien ça.

LÉON *a un haut-le-cœur.*

Tu as les mains trop sales !

LA FICELLE, *digne.*

Ici, je suis frotteur. Et personne ne m'a jamais demandé de me laver les mains. C'est pas mon service.

LÉON

Justement. Pourquoi ce n'est pas la petite nouvelle qui est venue me faire manger ? C'est son service !

LA FICELLE *cligne de l'œil.*

Vous le savez bien, farceur !

Il lui confie, complice.

Entre nous, elle est joliment roulée, celle-là aussi !

Il s'arrête, le regarde.

Si vous dites que je vous ai dit ça, je dirai que c'est vous qui me l'avez dit, c'est clair ?

LÉON

Oui.

LA FICELLE, *tendant sa fourchette.*

Alors finissez vos épinards, que je débarrasse. On a assez lambiné.

LÉON *détourne la tête.*

Je n'aime pas les épinards.

LA FICELLE

Je ne veux pas le savoir ! Moi, on m'a dit qu'il fallait que l'assiette soit nette. Et moi, j'obéis à mes chefs. Allez une bouchée pour papa, une bouchée pour maman...

LÉON, *écœuré.*

Tu es trop lâche ! Tu pourrais très bien les jeter dans les cabinets. Tu es vraiment trop lâche.

LA FICELLE,
le faisant manger comme un bébé.

Ça se peut, mais moi je m'en tirerai... Je me suis tiré des Allemands ; je me suis tiré des Gaullistes à la Libération et, si ça se trouve que c'est eux qui commandent, je me tirerai des communistes aussi... Je vais encore vous dire une vérité et ça sera tout : il n'y a que les petits qui s'en tirent.

Il va s'en aller avec son fourbi ; Léon lui crie :

LÉON

Pourquoi je n'ai pas eu de dessert ? Il n'y en avait pas ?

LA FICELLE

Si. Il y avait de la mousse au chocolat — mais vous étiez aussi privé de dessert.

LÉON

Pourquoi ?

LA FICELLE

Je ne sais pas. Je crois que c'est parce que vous n'avez pas fini votre article du *Figaro* à temps, par mauvaise volonté.

LÉON *lui crie encore comme il s'en va.*

La Ficelle !

LA FICELLE

Quoi ? Il ne faut pas abuser, je vous dis ! Quelqu'un pourrait nous entendre.

LÉON

Ta femme est aussi emmerdante, avec toi ?

LA FICELLE

Vous savez, chez les petits, les choses sont plus simples, toujours. D'abord Flipote, elle a toujours gueulé après moi, même du temps du pouvoir phallocrate, quand c'était soi-disant moi, le patron ; mais elle m'a toujours bien soigné. Et puis au lit, les soirs où ça la travaille, elle est tout miel. Qu'est-ce que vous voulez ? On leur sert tout de même à quelque chose !

Il s'arrête encore, durci.

Si vous dites que je vous ai dit ça, je dirai que c'est vous qui me l'avez dit. Et cette allusion-là, vous savez qu'elles ne la pardonnent pas. C'est vu ?

LÉON, *vaincu.*

C'est vu.

LA FICELLE, *redevenu stylé, soudain.*

Monsieur n'a plus besoin de rien ?

LÉON

Non, merci. C'est toujours pour aujourd'hui mon procès ?

LA FICELLE

A quinze heures. Mme Simone Beaumanoir, la Présidente du Comité des Femmes Libérées du XVIe, présidera personnellement. L'artillerie, quoi !

Il va sortir. Léon le rappelle encore, à la fois digne et lamentable.

LÉON

La Ficelle ?

LA FICELLE

Quoi ?

LÉON, *digne.*

Tu as oublié de me rattacher la main.

LA FICELLE, *revenant épouvanté et le rattachant.*

Putain de sort ! J'étais bon pour le falot ! Merci de me l'avoir dit, je vous revaudrai ça.

Il marmonne, le rattachant.

Vous n'êtes pas un mauvais homme, mais qu'est-ce que vous voulez, nous, les masses, on est bien obligé d'obéir. Ça a été toujours comme ça, sous tous les régimes. Et c'est pas demain que ça changera. Et moi je suis qu'une masse !

Il est sorti,
Léon, resté seul, constate.

LÉON

Le peuple est resté sain. Mais cela nous fait une belle jambe. En 93 aussi, il était plutôt royaliste, dans son ensemble ; mais ça n'a pas empêché Louis XVI d'éternuer dans le panier. Ce qui est vexant dans les révolutions, c'est qu'on se demande toujours comment elles ont commencé. C'est peut-être en 1925, quand nous avons accepté qu'elles se coupent les cheveux ?

Entre Lebelluc, gros homme avantageux avec une curieuse voix de tête.

LÉON *lui crie, furieux.*

Qu'est-ce que tu viens faire ici, toi ?

LEBELLUC, *allègre.*

Étudier ton dossier avec toi. Je suis commis d'office à ta défense, mon tout bon. Tu oublies que je suis inscrit au barreau ? Je faisais mon droit, quand tu faisais les Lettres, boulevard Saint-Michel.

LÉON

Hors d'ici ! Je ne veux plus te voir. Tu es une ordure !

LEBELLUC

Ne perdons pas notre temps en digressions, il est précieux. Tu sais que ton affaire n'est pas bonne, mon coco ?

LÉON, *hors de lui.*

Je ne suis pas ton coco ! Tu veux ma main sur la figure ?

LEBELLUC

Cela me paraît difficile. Tu es attaché.

LÉON *rugit encore.*

Sors immédiatement d'ici, crapule !

LEBELLUC *s'assied, calme, ouvre sa serviette dont il extrait son dossier.*

Comme tu es léger ! Tu vas avoir besoin de moi.

Il continue, de sa curieuse voix perchée.

Je sais que tu m'en veux parce que j'ai accepté l'opération. D'abord de toi à moi, je n'avais plus grand-chose à perdre. Et puis il faut savoir ce qu'on veut quand on a de l'ambition. Au XVIe siècle, c'était courant. On ne compte plus les castrats des chœurs de la Chapelle Sixtine qui ont fini cardinaux !

LÉON *grommelle, sombre.*

Je ne te le pardonnerai jamais.

LEBELLUC, *simplement.*

C'était les miennes, pas les tiennes. Et il fallait bien l'accepter, la nouvelle société.

LÉON *rugit.*

Jamais !

Passéiste ! De glissement à gauche en glissement à gauche tous les leaders masculins, qui avaient tant promis aux faibles et aux déshérités de leur donner la première place, se sont trouvés pris au piège par les femmes — ces déshéritées types, à qui ils avaient assuré qu'ils les délivreraient, s'ils étaient élus, de l'oppression ancestrale du mâle. Or, comme tu sais que les femmes sont plus nombreuses que les hommes — et que les veuves sont de grandes résistantes — aux dernières élections générales, par une majorité écrasante, on s'est retrouvés en matriarcat. Quelque chose qu'on n'avait pas essayé depuis cinq ou six mille ans dans nos régions — du neuf enfin ! Et cela a été la ruée sur tous les postes-clefs, bien entendu. Mais, comme elles manquaient un peu de compétences et de techniciens, après des siècles d'esclavage et d'impréparation, et que d'autre part, les homosexuels affluaient plutôt dans les carrières artistiques et au Ministère de la Culture — elles ont demandé des volontaires. J'avais été un des premiers à voter les pleins pouvoirs à Pétain en 40, un des premiers à suivre de Gaulle, j'ai été un des premiers à m'inscrire. Que veux-tu, mon bon, l'avenir était là !

Il ajoute.

Et puis avec les progrès de l'anesthésie, c'est moins ennuyeux qu'une dent de sagesse, tous comptes faits. Et on est si tranquilles après ! D'ailleurs, il y avait dans ma nature sensible, quelque chose de féminin qui s'est trouvé épanoui.

LÉON *grommelle encore.*

Ordure.

LEBELLUC *sourit.*

Oui, mais je suis bâtonnier. Et grâce au sacrifice de mes breloques, je vais peut-être pouvoir te sauver du pire, mon bon, en souvenir de nos frasques d'étudiants.

Il continue, assombri.

Il faut dire que tu es dans un mauvais arrondissement. A Ménilmontant ou à la Bastille, dans le genre tricoteuse, on arrive parfois à décrocher les circonstances atténuantes, grâce à ce qui leur reste de bon sens populaire... Mais à Passy, sous l'autorité du Comité des Femmes Libérées du XVIe avec Simone Beaumanoir à sa tête, c'est ce qu'on peut trouver de plus mauvais. C'est le pourcentage d'intellectuelles de gauche le plus élevé de Paris au mètre carré.

LÉON *hurle, hors de lui.*

Je les emmerde les intellectuelles de gauche !

LEBELLUC, *épouvanté.*

Pas si haut ! Emmerde-les à voix basse ; comme tout le monde. Elles, elles peuvent t'emmerder à voix haute — et sérieusement. Tu connais le nouveau code pénal ?

LÉON

Non !

LEBELLUC

Moi je l'ai potassé, c'est mon métier. Nous frisons l'article 122 mon bon ! Tu veux que je te le lise ?

Il tire le nouveau code pénal de sa serviette et commence à lire de sa voix de fausset.

« Seront passibles de l'opération capitale — et tu sais ce qu'elles entendent par là — plus une amende de 2 000 à 6 000 nouveaux francs, tous les individus de sexe mâle ayant abusé soit de leur force physique, soit de leur éloquence et de leurs promesses fallacieuses, soit d'un moment de désarroi chez leur victime pouvant aller jusqu'à donner les apparences du consentement — tu vois le vice ! — pour soumettre à leurs désirs une personne du sexe féminin ayant moins de 25 ans. Si le suborneur est déjà lié par les liens du mariage, l'amende sera portée de 4 000 à 12 000 nouveaux francs. Il en sera de même si la fille était mineure au moment de l'attentat et dans les deux cas si elle était au service du susdit. »

LÉON

Qui c'est le susdit ?

LEBELLUC

En l'occurrence, toi. Elle était mineure ?

LÉON

Non.

LEBELLUC

Mais elle était à ton service ?

LÉON

Non. Au service de ma femme. Je ne suis plus chef de famille.

LEBELLUC

Arguties !

LÉON, *illuminé soudain.*

Non. Feuillette, feuillette ! Dans le Préambule

Général de l'Établissement du Matriarcat... L'article 7 ou 9...

LEBELLUC, *frappé aussi.*

Nom de bleu ! Tu as peut-être raison...

Il cherche.

Article 9. « Tout pouvoir, toute autorité, toute propriété émane du ventre. Sont exclus en ligne directe de la succession, tous les enfants mâles... » Non, ce n'est pas ça !

LÉON

Cherche encore ! C'est dans ce coin ! Article 11 ou 13.

LEBELLUC

Attends... Attends... Je te vois venir. Nous tenons peut-être la parade. Article 13 : « Tout personnel d'un sexe ou de l'autre, au service d'une entreprise ou du foyer familial, relève de l'autorité exclusive de la direction féminine de l'entreprise ou de la maîtresse de maison. En aucun cas, un membre mâle de l'entreprise ou de la famille ne peut lui donner un ordre de sa propre initiative. »

LÉON, *triomphant.*

Donc, elle n'était pas à mon service. Donc, je n'avais pas à lui donner un ordre !

LEBELLUC, *perplexe.*

Ouais ! Mais tu lui as tout de même fait un enfant !

LÉON, *d'une mauvaise foi évidente.*

Je ne lui avais pas donné l'ordre d'en faire un ! Je m'étais borné à la politesse. Fortement incité par elle d'ailleurs. Je vais te dire quelque chose, je crois qu'elle m'aimait.

LEBELLUC

Trop facile !

Il feuillette son code.

Article 207. « Le consentement de la fille ou de la femme ne saurait être évoqué par le mâle pris en flagrant délit comme excuse absolutoire, même en cas d'aveu formel de sa partenaire. »

Il s'exclame inconsidérément.

Ça te la coupe ?

Il bouffonne, avec son petit rire aigre.

Enfin, façon de parler !

LÉON *rugit.*

Ordure ! Tu le voudrais bien, hein, que je te rejoigne à la Sixtine ?

LEBELLUC, *digne.*

Ne confondons pas. Moi, je me suis sacrifié par idéalisme — ou par ambition, si tu veux mais mon rôle est de t'éviter ça. Les devoirs et les droits de la défense sont toujours sacrés, apprends-le. Nous sommes tout de même restés une grande démocratie libérale — nos nouveaux responsables l'affirment tous les jours à la télévision. Seulement il y a toujours eu un hiatus entre la réalité et ce qu'on dit à la télévision, je ne te l'apprends pas. Tu veux mon avis ? Il n'y a qu'une personne au monde qui puisse te sauver : Ada. Vous avez encore des rapports ?

LÉON, *sombre.*

Très rares.

LEBELLUC

Heureux ?

LÉON, *hors de lui.*

Cela te regarde, ordure ?

LEBELLUC

Pour assurer ta défense, oui. Soyons crus. Ada a-t-elle un intérêt personnel à te garder intact ? Elle a des amants ?

LÉON

Je ne crois pas. C'est une femme froide.

LEBELLUC

Il faut la réchauffer, mon bon. Ton salut est là.

LÉON

Impossible. D'ailleurs, je n'ai pas le temps : mon procès est dans deux heures.

LEBELLUC

On peut faire beaucoup de choses en deux heures !

LÉON, *sombre.*

Pas ça. C'est au-dessus des forces humaines. En tout cas des miennes, depuis très longtemps, avec elle. Et elles ont beau faire des lois, elles ne pourront jamais obliger un homme à b...

LEBELLUC *le coupe, épouvanté.*

Pas de mots grossiers ! Tu sais que c'est puni, aussi. Au paragraphe 12 de l'article 317.

Il lit.

« Toute expression graveleuse ou simplement gauloise, tout terme péjoratif ou licencieux, désignant soit tout ou partie de l'anatomie féminine, soit les organes masculins, soit l'acte sexuel lui-même, soit la femme en général, sont passibles d'une peine allant de... etc. etc. »

LÉON *s'écrie, démonté.*

Mais où veulent-elles en venir, bon dieu ?

LEBELLUC

A se faire respecter. Elles prétendent qu'il y a plusieurs millénaires qu'on ne les respecte pas. Alors, maintenant qu'elles ont le pouvoir politique, elles l'exigent ; c'est humain ! Crois-tu qu'on se permette impunément des gaudrioles sur les membres du parti, dans les pays de l'Est ? C'est la dictature du prolétariat, mon bon, le plus minutieux, le plus exigeant, le plus insatisfait qu'on ait jamais connu...

Il ajoute.

Et quand ils s'y mettent, les faibles, crois-moi, il y vont forts !

Il y a un silence.
Léon demande, un peu déprimé.

LÉON

Aurais-je intérêt à nier ?

LEBELLUC

Non. L'enfant est né et on a fait avouer à la fille que tu étais le père. Elles ont des méthodes très efficaces aux Brigades Féminines Spéciales, pour vous faire avouer tout ce qu'elles veulent.

LÉON

Alors, que comptes-tu plaider ?

LEBELLUC

La violence.

LÉON

La mienne ? Je t'ai déjà dit qu'elle était d'accord. D'ailleurs je ne vois pas en quoi...

LEBELLUC

Non, justement. La sienne. Elles ont tout prévu dans leur code, mais pas ça. Cette fille t'a violé. Elle avait des complices dont tu es incapable de te rappeler le visage — forcément après le choc que tu as subi ! Elles t'ont renversé, attaché, maintenu, malgré tes supplications et tes cris et cette fille s'est jetée sur toi, sauvagement. La nouvelle société ne protège que les faibles : il faut plaider la faiblesse, mon coco !

LÉON *le regarde, ahuri, puis lui demande.*

Il y a combien de temps que tu as été opéré ?

LEBELLUC

Deux ans. Pourquoi ?

LÉON

Tu as déjà oublié comment ça se passe ? Voilà une chose qu'on ne leur a jamais fait remarquer et qui les vexerait profondément, c'est qu'on peut violer une femme et qu'on ne peut pas violer un homme — du moins si on s'en tient à l'orthodoxie — il faut forcément qu'il y mette du sien. Tu veux que je te fasse un croquis ? On apprend ça maintenant à l'école, dès la sixième...

LEBELLUC, *perplexe.*

Évidemment, la nature...

Il se reprend.

Mais justement ! On n'est pas maître de la nature. Tu es maintenu, suppliant, terrassé, terrorisé, ton pauvre regard angoissé la supplie, tout ton être moral refuse de toutes ses forces, mais cette fille impitoyable, habile et perverse, ne regarde même pas tes yeux...

Il plaide soudain, dressé.

Elle s'acharne sur mon client sans pitié, Mesdames les Jurés ! et la nature le dépasse — il a beau gémir et supplier, elle parvient à ses fins — ne me demandez pas de préciser quelles fins dans l'enceinte de cette cour ! — et elle se jette sur sa victime pantelante...

LÉON *le regarde, écœuré, il murmure.*

Pantelante...

Il lui crie soudain, indigné.

Ordure ! Ramasse tes papiers et disparais. Si tu t'avises de plaider ça, je me lèverai et je crierai la vérité !

LEBELLUC, *qui range ses papiers, vexé.*

Nous sommes dans un monde absurde où la vérité coûte cher. Ton orgueil de mâle peut t'amener à te vanter de ton exploit, mais — je t'aurai averti — ce sera ton dernier exploit. A tout à l'heure. J'ai encore deux clients à voir avant l'audience. J'espère qu'ils seront plus coopératifs que toi.

Il est sorti.

Resté seul, Léon médite tristement ; puis il se met à soliloquer soudain, lyrique :

LÉON, *méditant.*

To have or not to have?... That is the question!... Est-il plus noble, pour une âme, de souffrir les humiliations et les coups d'une condition subalterne — ou de prendre les armes contre un océan de bêtise et, révolté, d'y mettre fin? Entrer à l'hôpital — avec les progrès actuels de l'anesthésie — et dormir, rien de plus. Et penser qu'un sommeil peut finir les souffrances du cœur et les mille blessures qui sont le lot de la chair... Ah! c'est un dénouement ardemment désirable!...

Entrer à l'hôpital et dormir... Dormir? Rêver peut-être? Ah! c'est là l'obstacle!

Car la volupté des rêves... (et il aura suffi, je me connais, des fesses de l'infirmière sous sa blouse) — qui vous viendront dans le sommeil des opérés, quand vous serez en train de faire chasser définitivement de vous la possibilité du tumulte des sens — voilà qui peut vous retenir!...

Entre Ada, toujours sévère et décidée.

ADA

Qu'est-ce que tu faisais?

LÉON

Je pensais.

ADA

Je préfère ne pas te demander quoi. C'est trop commode mon bonhomme! Enfin, nous aurons bientôt des détecteurs de conscience! J'ai vingt minutes devant moi, avant ma masseuse. La petite est à l'école jusqu'à midi et je viens te laver un peu le cerveau. Ton cerveau sent de loin, mon ami! C'est une puanteur! Où en étions-nous?

Elle met ses lunettes d'institutrice, prend son bloc.

Ah ! oui. Cette petite, à treize ans ! Est-ce que tu as eu honte de ton geste, au moins, depuis que je t'ai laissé ?

LÉON

Non.

ADA, *durcie.*

Tu es donc irrécupérable ?

LÉON, *l'œil mouillé.*

Je vais te dire, Ada. Je n'ai pas eu honte, mais j'ai beaucoup pensé. Ce mouvement incontrôlé, ce trouble qui m'a fait céder si tôt, au désir... Je suis toujours, sans doute, aussi coupable... Mais, je me l'explique maintenant. Quel abîme, notre inconscient ! Et de quelles prémonitions troublantes est-il capable !

Cette petite, Ada, j'avais oublié son visage et je le revois maintenant : elle avait quelque chose de toi !

Ada le regarde, troublée malgré elle par cette révélation.

Léon murmure pour lui, entre ses dents, incertain :

LÉON, *perplexe.*

C'est peut-être un peu gros ?

LE NOIR SOUDAIN.

Quand la lumière revient, on a installé la salle pour le procès. Plantation improvisée avec les meubles du salon. Il n'y a plus de poteau de torture.

Léon, toujours en académicien, est assis sur une chaise au milieu de la scène. Un peu en retrait, à une petite table, Lebelluc en robe, qui compulse ses dossiers. Une autre table plus grande, table ovale ou bureau style Napoléon III, derrière laquelle siègent Simone Beaumanoir et ses deux femmes assesseurs. Toutes trois conformes à ce qu'on imaginait ; d'une élégance dans le négligé, d'un goût douteux, avec des coquetteries de turbans, vraisemblablement trois lesbiennes plus ou moins rentrées qui ont tourné à la virago des lettres. Les rôles peuvent être tenus par des travestis.

Le reste de la famille et des domestiques sur des chaises, un peu en retrait. Une petite sellette 1900 ridicule devant la table du Tribunal fait office de barre.

LA PRÉSIDENTE

Accusé, levez-vous.

Léon se lève, maussade.

Vous êtes Chevalier de la Légion d'Honneur, Officier des Arts et Lettres et Membre de l'Académie française. Eu égard à ces titres le Comité Central des Femmes Libérées du XVIe arrondissement a décidé de vous épargner la honte de la justice populaire qui est de règle dans votre cas. Ce procès va se dérouler à huis clos.

Vous êtes accusé d'avoir abusé d'une fille à votre service Marie-Josépha Parempuire, célibataire, vingt-trois ans et de l'avoir engrossée, crimes passibles des peines prévues aux articles 122, 127, 417 et 445 du nouveau code pénal. C'est-à-dire passible, à plusieurs chefs, de l'opération capitale, d'une peine allant de 7 à 22 ans d'emprisonnement et d'une amende de 4 000 à 12 000 nouveaux francs — ces peines pouvant être cumulées. Avez-vous une déclaration liminaire à faire ?

LÉON

Je récuse votre juridiction.

LA PRÉSIDENTE, *après avoir consulté ses assesseurs pour la forme.*

Récusation rejetée, comme n'entrant pas dans les cas prévus par la loi. Vous pouvez vous rasseoir. Nous allons procéder à l'audition des témoins.

Elle voit Lebelluc qui s'agite sur sa chaise et lève la main.

Une objection, maître ?

LEBELLUC *se lève, et, d'une voix exagérément aiguë, tente de parler.*

Mon client, Madame la Présidente...

Il se racle la gorge.

Mon client, Madame la Présidente...

LA PRÉSIDENTE, *bienveillante.*

Prenez votre voix naturelle, maître.

LEBELLUC, *penaud.*

Je ne peux plus.

Léon ricane sombrement et grommelle : « Bien fait ! »

LA PRÉSIDENTE

Alors, allez.

LEBELLUC, *du plus haut de son aigu.*

Mon client, Madame la Présidente, est un homme d'une honorabilité reconnue, ses titres et ses décorations, sa vie sans tache, suffiraient à en témoigner et nous nous dressons de toute notre hauteur...

LA PRÉSIDENTE, *sèche.*

Nous n'en sommes pas là. Vous plaiderez tout à l'heure, maître. Veuillez vous rasseoir et ne pas demander la parole pour rien.

LEBELLUC, *minable, se rasseyant aussitôt.*

Bien, Madame la Présidente. Je ne le ferai plus.

LÉON *lui jette.*

Dégonflé !

LA PRÉSIDENTE, *voyant Ada se lever.*

Vous avez une déclaration à faire avant les débats, Madame de Saint-Pé ?

ADA, *digne.*

Il est de mon devoir d'avertir la Cour, qu'il y a moins de deux heures, dans un accès de bestialité que rien dans mon attitude — je demande à la Cour de me croire — n'avait pu provoquer, mon mari a tenté de me violer.

Sensation dans la salle ; gêne de Léon.

LA PRÉSIDENTE, *ayant consulté ses assesseurs.*

Le Tribunal prend acte. Appelez le premier témoin.

Pendant que le deuxième assesseur cherche sa liste, sans doute égarée, et qu'elles se mettent toutes à chercher nerveusement, vidant leurs sacs à main, bouleversant les dossiers, un petit dialogue furtif s'établit entre Lebelluc et Léon.

LEBELLUC, *bas à Léon.*

Ça a raté ?

LÉON, *sombre.*

Complètement. Si j'avais su ! Tu as toujours eu des idées idiotes.

LEBELLUC *glousse, méchant, de sa voix aigre.*

Du temps de Saint-Michel, je t'ai connu plus convaincant de ce côté-là. Il n'y en avait que pour toi.

LÉON

Tais-toi, ordure ! Tu ne sais plus de quoi tu parles. Retourne à la Chapelle Sixtine !

LE DEUXIÈME ASSESSEUR, *qui a enfin retrouvé sa liste dans son corsage, appelle.*

Flipote Le Poublanc, épouse La Ficelle, employée de maison.

Flipote bourrée de poings par La Ficelle s'avance, terrorisée.

LA PRÉSIDENTE, *de sa voix hommasse.*

Jurez de dire la vérité, toute la vérité, rien que la vérité. Levez la main droite et dites : je le jure.

FLIPOTE, *levant la main.*

Je le jure.

LA PRÉSIDENTE

Vous êtes au service de l'accusé depuis 1955?

FLIPOTE, *troublée.*

Oui, Monsieur le Président.

LA PRÉSIDENTE *rectifie, pincée, cela doit lui arriver très souvent.*

Madame. Vous avez été témoin de l'acte?

FLIPOTE

Oui, Monsieur le Président.

LA PRÉSIDENTE *aboie.*

Madame! On dit : Madame la Présidente!

FLIPOTE, *terrifiée.*

Oui, Monsieur le Président!

LA PRÉSIDENTE *consulte ses assesseurs puis poursuit, haussant les épaules.*

Passons! Ne vous troublez pas. Dites ce que vous avez vu.

FLIPOTE

J'avais envoyé la petite faire la chambre de Monsieur, comme d'habitude. J'étais dans ma cuisine et je m'aperçois que je n'avais plus d'ail. Je faisais un veau aux carottes. Je ne sais pas si vous en mettez, Monsieur le Président, dans le veau aux carottes, mais moi j'en mets. Je sais qu'il y en a qui ne sont pas d'accord.

LA PRÉSIDENTE

Venez-en aux faits.

FLIPOTE

Oui, Monsieur le Président. Je monte pour aller dire à la petite d'aller m'en chercher chez l'Italien, qui est à deux pas de chez nous — j'ouvre la porte : il était dessus.

LA PRÉSIDENTE

Sur quoi ?

FLIPOTE

Sur la fille, Monsieur le Président.

LA PRÉSIDENTE

Dans quelle tenue ?

FLIPOTE

Dans sa tenue d'académicien. Il s'habillait toujours comme ça, dès le matin. Il disait que ça l'aidait pour écrire son article du *Figaro*.

LA PRÉSIDENTE

Alors, qu'est-ce que vous avez fait ?

FLIPOTE

J'ai refermé la porte, en pensant que ce n'était pas mes oignons et j'ai été chercher mon ail moi-même chez l'Italien, Monsieur le Président.

LEBELLUC *se lève.*

Puis-je poser une question au témoin, Madame la Présidente ?

LA PRÉSIDENTE

Faites, maître.

LEBELLUC, *à Flipote.*

Le lit était-il fait ?

FLIPOTE

A moitié, Monsieur Lebelluc.

LEBELLUC

Appelez-moi maître. La jeune fille était-elle, selon vous, en train de faire ce lit ?

FLIPOTE

Oui, Monsieur Lebelluc.

LEBELLUC, *agacé.*

Appelez-moi maître !

Il poursuit pour le Tribunal.

Le lit de la chambre de mon client, si je me souviens bien, n'est pas un lit de milieu. C'est un lit ancien, un souvenir de famille, fort lourd, un lit dit « lit de coin » — qui n'est pas aisé à déplacer pour en faire commodément le tour. Il est donc courant — je dirai même qu'il est humain — pour s'éviter une trop grande peine, que la personne qui est chargée de ce travail se penche pour border la couverture, côté mur.

Il mime, ridicule.

Adoptant, pour le service, je l'entends bien, mais tout de même ! une attitude qui peut sembler une provocation — voire une invite. Qu'en pense le témoin, qui a dû faire lui-même ce lit ?

FLIPOTE

Bien sûr ! Il faut carrément se coucher à moitié sur ce maudit lit, pour le faire ! Mais c'est justement ce moment-là, qu'il attend !

LA PRÉSIDENTE

Que voulez-vous dire par là ?

FLIPOTE

Monsieur le Président, ce n'est pas à moi de vous l'apprendre, la femme, elle a fait la révolution pour s'en défendre, mais elle sait bien que l'homme ne pense qu'à ça ! Alors, une jeunette, quand elle est coincée dans cette position, elle se met à rigoler, forcément — c'est humain. Et quand on rigole c'est comme si c'était à moitié fait... Et ce qui s'ensuit aussi, c'est humain. J'en appelle à toutes les jeunes filles placées toutes jeunes comme moi !

LA PRÉSIDENTE

Devons-nous entendre que vous avez, vous-même, personnellement, subi une expérience semblable ?

FLIPOTE, *simplement.*

Monsieur était encore joli garçon à l'époque, quand je suis entrée dans la maison, et moi j'étais célibataire. C'était humain.

LA PRÉSIDENTE, *pincée.*

De toute façon ces faits sont antérieurs à la loi et ne peuvent être retenus contre l'accusé. Je vous remercie, vous pouvez retourner à votre place. Nous vous poserons peut-être d'autres questions tout à l'heure. Nous retenons seulement de votre déposition que vous avez été témoin du fait. Pas de question, maître ?

LEBELLUC

Une question si vous le permettez, Madame la Présidente. Le témoin a dit, ce sont ses propres termes et ils sont laconiques : « Il était dessus. »

Il insinue.

Sur le lit, peut-être tout simplement ? Si mes souvenirs sont exacts, la chambre de mon client est une très vaste pièce. Le témoin, resté sur le seuil, devait être à cinq mètres, peut-être six mètres de distance et le témoin a refermé la porte aussitôt. Il nous l'a dit. Le témoin peut-il affirmer sur la foi du serment, que nous n'étions pas tout simplement en train d'aider cette jeune fille à faire ce lit, sans nous préoccuper d'autre chose ?

FLIPOTE *s'écrie, ahurie.*

Mais vous n'étiez pas là, ce jour-là, Monsieur Lebelluc. Monsieur était seul !

LEBELLUC *a un sourire de complicité amusée au Tribunal de tant d'ignorance des usages judiciaires.*

Le Tribunal me permettra, je pense, de passer outre !

Et il poursuit, dans un grand mouvement de manches.

Mais je reconnais là, Mesdames de la Cour, une des manifestations de la profonde gentillesse humaine de mon client — qu'aucun témoignage, j'y parierais ma tête — ne viendra infirmer au cours de ces débats...

Il se retourne vers Flipote, grave.

Madame Flipote, en votre âme et conscience, pouvez-vous affirmer que mon client n'était pas plutôt en train — dans sa bonté — d'aider cette jeune personne à faire ce lit — ce lit que vous avez reconnu vous-même comme très mal commode ?

FLIPOTE, *rigolant, bonne fille.*

Mais bien sûr que si, Monsieur Lebelluc !

LEBELLUC, *se rasseyant, triomphant.*

Ah ! Appelez-moi maître. C'est tout ce que je voulais vous faire dire.

FLIPOTE *poursuit, riant.*

C'est même toujours comme ça, qu'il s'y prenait, le gros malin ! Il vous disait d'abord : « Attendez, je vais vous aider, mon enfant ! »

Elle conclut, bonne fille.

Boh ! Il n'y avait pas de quoi fouetter un chat.

Devant les regards glacés du Tribunal, elle fait prudemment marche arrière.

Enfin, à l'époque.

Elle récite.

Tout ça c'était du temps du pouvoir phallocrate et avant que notre conscience de femme se soit éveillée.

Elle ajoute, prudente.

Aujourd'hui, je dis pas. D'ailleurs j'ai plus l'âge.

LA PRÉSIDENTE, *sèche.*

C'est bien, asseyez-vous.

Flipote retourne s'asseoir.

La Ficelle bondit sur elle et ils commencent une horrible dispute à voix basse qui durera longtemps, avec des accalmies et des reprises et qui ira jusqu'aux gifles, pendant que l'audience se poursuit.

LA PRÉSIDENTE

La matérialité du fait semble, malgré les objections purement formelles de la défense, ne plus nécessiter aucun autre témoignage. Nous avons d'ailleurs au dossier, l'aveu de la victime et l'extrait de naissance de l'enfant, dont la date corrobore les faits.

A Léon.

Vous vous reconnaissez comme père de cet enfant ?

LÉON

Bien sûr, si c'est moi qui l'ai fait. Je demande simplement à le voir. Je ne l'ai jamais vu. On m'a escamoté le tout.

LA PRÉSIDENTE

La loi s'y oppose.

Elle lit dans son code.

« Article 702 : Les coupables d'amour illégitime doivent être séparés et toutes mesures administratives prises pour qu'ils ne puissent retrouver leur trace. »

LÉON

La jeune fille m'avait avoué qu'elle était grosse, mais le calcul des dates est incertain, en fait de paternité — et elle n'était pas vierge. Je ne me fierai qu'à mon nez. A-t-il mon nez ?

LA PRÉSIDENTE

Quelqu'un parmi l'assistance a-t-il eu l'occasion de voir l'enfant pour apporter son témoignage ?

Flipote lève la main, malgré La Ficelle furieux, qui veut la forcer à se rasseoir.

FLIPOTE

Moi, Monsieur le Président !

LA PRÉSIDENTE, *agacée, tonne.*

Madame !

FLIPOTE, *terrifiée.*

Oui, Madame !

LA PRÉSIDENTE, *de sa plus grosse voix.*

Madame la Présidente !

FLIPOTE, *aux abois.*

Oui, Monsieur le Président !

LA PRÉSIDENTE *lève les bras au ciel, découragée, et poursuit.*

Flipote Le Poublanc, épouse La Ficelle, le Tribunal va entendre votre témoignage sur ce point et sur la foi du serment que vous avez prêté tout à l'heure. Quand avez-vous vu cet enfant et en quelles circonstances ?

FLIPOTE

C'est moi qui ai accompagné la petite à l'hôpital, en catastrophe. Elle n'avait pas avoué qu'elle était enceinte ; elle prétendait qu'elle avait grossi parce qu'elle mangeait trop de pâtes ; elle a failli nous le faire dans la cuisine... A l'hôpital c'est à moi que l'infirmière est venue le montrer croyant que j'étais la mère.

LA PRÉSIDENTE

Pouvez-vous nous décrire cet enfant pour étayer la conviction de l'accusé — et éventuellement celle du tribunal ?

FLIPOTE *rigole, ravie de son effet.*

Il était tout noir, Monsieur le Président ! C'était un beau petit Sénégalais !

Sensation dans la salle. Ada éclate d'un long rire hystérique. Léon confie accablé à Lebelluc.

LÉON

Le livreur de chez Potin qu'elle fréquentait avant ! Je m'en étais toujours douté !

LEBELLUC *rigole, méchant.*

Tu verras, à la Sixtine, on n'a plus de ces ennuis-là !

LA PRÉSIDENTE, *qui a agité sa sonnette pour faire cesser le brouhaha.*

Le Tribunal remercie le témoin et prend acte. Vous pouvez vous rasseoir.

Flipote retourne à sa place où recommence sa dispute véhémente avec La Ficelle.

LA PRÉSIDENTE

Accusé, ce témoignage de la dernière minute vous lave de l'accusation du crime de paternité illégitime prévu à l'article 445. Vous restez justifiable du crime de fornication avec une personne à votre service, commis sous le toit conjugal. Crime qui est d'ailleurs sanctionné des mêmes peines.

Nous allons maintenant entendre les témoins de moralité afin que le Tribunal, susceptible de nuancer sa sentence, puisse se faire une idée exacte de votre personnalité.

Elle demande au second assesseur.

Appelez le témoin suivant.

Le second assesseur a encore égaré sa liste. Elle cherche, aidée des autres et finit par la retrouver dans son sac.

LE SECOND ASSESSEUR *appelle.*

Mireille Parapluie, 24 ans, employée de maison.

La nouvelle bonne se lève, intimidée et sournoise. On doit avoir un peu peur de ce qu'elle va dire.

LA PRÉSIDENTE

Jurez de dire la vérité, toute la vérité, rien que la vérité. Levez la main droite et dites : je le jure.

LA NOUVELLE BONNE *lève la main.*

Je le jure.

LA PRÉSIDENTE

Vous êtes entrée en service il y a quelques jours seulement. C'est vous qui avez pris, dans la famille Saint-Pé, la place de la victime. Avez-vous eu l'occasion d'entrer en rapports avec l'accusé ?

LA NOUVELLE BONNE

Pas tout de suite. Madame a voulu d'abord me faire connaître les habitudes de la maison, et me mettre en garde. Elle m'a longtemps parlé de Monsieur et elle m'a bien expliqué qu'il était dangereux, même à la chaîne... enfin je veux dire, attaché !

LA PRÉSIDENTE

De quels termes Madame de Saint-Pé s'est-elle servie pour vous décrire son mari ?

LA NOUVELLE BONNE, *embarrassée.*

Ben... je sais pas moi.

LA PRÉSIDENTE, *sévère.*

Comment, vous ne savez pas ? Le Tribunal vous met en garde. Vous avez juré de dire *toute* la vérité !

LA NOUVELLE BONNE *se décide, gênée.*

Madame m'a dit que Monsieur était un vieux cochon et un sournois.

Murmures dans la salle.

Léon baisse la tête, accablé. Il se demande visiblement ce que la nouvelle bonne va dire.

LA PRÉSIDENTE

En quelles circonstances avez-vous eu l'occasion d'entrer en rapports avec l'accusé ?

LA NOUVELLE BONNE

Ce matin, quand j'ai été lui détacher la main droite pour qu'il écrive son article du *Figaro.*

LA PRÉSIDENTE

Et quelle a été son attitude lorsque vous vous êtes acquittée de cette mission ?

Léger suspense, puis la nouvelle bonne, nette.

LA NOUVELLE BONNE

Correcte. Il m'a seulement demandé de lui frotter la main, parce qu'elle était engourdie et qu'il ne pouvait pas tenir son stylo.

LA PRÉSIDENTE

Ce que vous avez fait ?

LA NOUVELLE BONNE

Ben, oui.

LA PRÉSIDENTE

Et pendant que vous lui frottiez la main, vous n'avez rien remarqué de louche dans son attitude ?

Léger suspense, puis la nouvelle bonne dit simplement :

LA NOUVELLE BONNE

Ben, non.

LA PRÉSIDENTE

Le Tribunal vous remercie. Votre présence dans la maison est évidemment trop récente pour que vous puissiez apporter un élément nouveau au Tribunal.

ADA *s'est levée.*

Le témoin ne dit pas tout ! Je demande au tribunal de faire dire au témoin ce que mon mari lui a demandé de faire — très exactement.

LA NOUVELLE BONNE, *un peu ennuyée, après un temps.*

Il m'a demandé de lui faire le Bossu de la rue Quincampoix.

Stupeur dans la salle.

La Présidente échange des murmures interrogatifs avec ses assesseurs.

Lebelluc, inquiet, se penche sur Léon, atterré.

LA PRÉSIDENTE, *se penchant, intéressée.*

Et pouvez-vous nous dire, en expurgeant autant que possible vos expressions, en quoi consiste exactement ce que vous appelez « Le Bossu de la rue Quincampoix » ?

LA NOUVELLE BONNE *rigole un peu.*

Oh ! c'est rien de terrible ! Il ne faut pas imaginer. Comme il faut qu'on lui tienne son bloc pour qu'il puisse écrire — forcément il n'a qu'une main détachée. « Jamais les deux ! » a dit Madame — il m'a demandé de le tenir sur mon dos, que ça serait plus commode qu'à bout de bras.

LA PRÉSIDENTE, *un peu déçue.*

Ah ! Ce n'est que cela le Bossu de la rue Quincampoix ?

LA NOUVELLE BONNE, *ingénue.*

Qu'est-ce que vous voulez que ce soit d'autre ?

LA PRÉSIDENTE, *rogue.*

Je ne sais pas ! Vous n'avez pas à poser des questions au Tribunal !

ADA *s'est dressée, vipérine.*

Ce que le témoin ne dit pas, Madame la Présidente, c'est l'équivoque répugnante de la posture que mon mari lui a demandé de prendre, soi-disant pour soutenir le bloc sur son dos, comme le fameux bossu de la Régence !

LA PRÉSIDENTE

Expliquez-vous.

ADA, *véhémente.*

Le bossu de la rue Quincampoix prêtait effectivement sa bosse aux spéculateurs qui y signaient leurs actes, mais en public, en pleine rue ! Et d'abord il avait, lui, une vraie bosse, une bosse commode qui n'obligeait pas à des contorsions. Et puis c'était un homme et un homme, je le suppose d'après les estampes, d'un certain âge et disgracié ! Il ne pouvait, tendant sa bosse, inspirer aucun désir aux spéculateurs, qui avaient d'ailleurs bien autre chose en tête...

Mais je demande au Tribunal d'imaginer que, pour que le bloc tienne, tant bien que mal, sur son dos, le témoin devait faire le dos rond et tendre sa croupe à mon mari. Et d'assez près. C'est court, un bras !

Lebelluc se dresse, levant la main.

LA PRÉSIDENTE

Vous avez la parole, maître.

LEBELLUC *se dresse et mime.*

Je demande au Tribunal d'apprécier. Je mets un bloc sur mon dos, je fais le dos rond.

Le bloc tombe, il le ramasse.

Évidemment, il faut que le bloc tienne en équilibre ! Je fais le dos rond, je tends ma croupe ; il le faut bien pour faire le dos rond ; mais il y a mille façons de tendre sa croupe et certaines peuvent être très décentes.

Il a réussi tant bien que mal son équilibre.

Voilà ! Est-ce que je fais naître, dans cette posture, des pensées luxurieuses dans l'esprit du Tribunal ?

Hilarité dans la salle. La Présidente l'interrompt, agacée.

LA PRÉSIDENTE

Asseyez-vous, maître. Votre démonstration n'est pas convaincante et vous manquez de respect au Tribunal. Nous allons procéder à une reconstitution. Accusé, levez-vous. Que le témoin prenne la posture qu'il a eue ce matin pour vous aider à écrire.

La nouvelle bonne prend place devant Léon tout raide. Elle est raide elle aussi. Tout cela est visiblement très convenable.

LA PRÉSIDENTE

Accusé, faites semblant d'écrire.

Léon écrit ; la fille murmure, gentille.

LA NOUVELLE BONNE

La seule chose c'est que quand il écrit vite, ça chatouille !

LA PRÉSIDENTE,
après avoir consulté ses assesseurs.

C'est bien, vous pouvez vous rasseoir. L'incident est clos. Le tribunal ne retient pas à la charge de l'accusé d'avoir fait reposer le bloc sur le dos du témoin.

LEBELLUC *se dresse.*

La défense remercie le Tribunal de sa compréhension !

ADA, *qui s'est dressée aussi.*

C'est trop facile ! Le Tribunal peut-il imaginer quel genre de pensées se pressaient dans la tête de mon mari, pendant que cette fille s'offrait ainsi ?

LA PRÉSIDENTE, *un peu agacée.*

Le Tribunal ne peut apprécier que les faits.

Elle demande, par précaution pourtant, de sa voix hommasse :

Le témoin n'a rien remarqué de louche dans l'attitude de l'accusé pendant tout le temps qu'il écrivait son article ?

LA NOUVELLE BONNE, *un peu troublée.*

Non, Monsieur le Président.

LA PRÉSIDENTE *tonne.*

Madame la Présidente !

LA NOUVELLE BONNE, *confuse et en profitant.*

Je demande à Madame la Présidente de m'excuser ! Mais je suis tellement perturbée...

Elle clame soudain.

Parce que j'ai déjà fait trois places et personne ne m'a jamais accusée d'avoir essayé d'allumer le patron ! Jamais ! J'ai mon honneur, moi aussi. Il n'y a pas que Madame qui en a un ! On a fait la révolution pour ça, merde !

LA PRÉSIDENTE, *à qui le mot révolution fait effet visiblement.*

Calmez-vous, mon enfant ! Personne ne vous a suspectée ! Et notre nouvelle société socialiste repose sur un principe d'égalité absolue entre femmes. L'incident et clos. Vous pouvez aller vous rasseoir. Avant de passer à l'audition plus détaillée et plus en profondeur des membres de la famille, nous avons encore un témoin parmi les employés de maison, je crois ?

LE SECOND ASSESSEUR, *qui a failli encore égarer sa liste.*

La Ficelle, Lucien, employé de maison.

LA FICELLE *se dresse au garde-à-vous et, déjà fayot, rectifie.*

Frotteur, chef !

LA PRÉSIDENTE

Quoi, frotteur ?

LA FICELLE

Je suis frotteur. Je frotte.

LA PRÉSIDENTE

Ce n'est pas ce qu'on vous demande. Avancez-vous à la barre et jurez de dire la vérité, toute la vérité, rien que la vérité. Levez la main droite et dites : je le jure !

La Ficelle crache dans sa main sale, la frotte contre son pantalon puis la lève et clame, ravi de jouer un rôle :

LA FICELLE

Je le jure sur la tête de ma femme !

LA PRÉSIDENTE

On ne vous demande pas sur la tête de qui vous jurez. Depuis combien de temps travaillez-vous chez l'accusé ?

LA FICELLE

Onze ans, chère Madame la Présidente !

LA PRÉSIDENTE, *pincée.*

Madame la Présidente suffit. Et vous vous entendiez bien avec lui ?

LA FICELLE

Comme cul et chemise !

LA PRÉSIDENTE

Le Tribunal vous demande de surveiller vos expressions. Vous dites que vous êtes frotteur ; votre service ne devait pas vous mettre souvent en rapports directs avec l'accusé ?

LA FICELLE, *qui commence à se sentir à l'aise.*

Croyez pas ça ! Je dis frotteur parce que c'est mon titre, mais en réalité, je fais tout. C'est la vie de famille ici, on n'est pas spécialisés. Un exemple : quand je lui apportais ses chaussures cirées le matin ou son pantalon repassé, on faisait toujours un brin de causette. Monsieur, il aime bien causer avec le peuple et moi j'aime bien causer avec les intellectuels. Ça me cultive. Et puis, il ne faut pas oublier que depuis qu'il était au poteau c'est moi qui le faisais manger. Et il n'était pas toujours commode, le lapin ! Une bouchée pour papa, une bouchée pour maman... Je devais lui en faire des farces ! Surtout quand c'était des épinards.

Il conclut.

Il n'aime pas les épinards, mais ce n'est pas un mauvais patron.

LA PRÉSIDENTE

Dans ces moments d'intimité que vous nous décrivez — arrivait-il à l'accusé de vous faire des confidences intimes — sur sa vie sexuelle, par exemple ?

LA FICELLE

Oh ! je dis pas qu'il essayait pas. Mais moi j'écoutais pas. Défendu ! Et La Ficelle il obéit aux consignes. Les officiers le disaient déjà pendant la guerre : « Avec La Ficelle on est tranquilles ! L'ordre c'est l'ordre ! » Alors j'écoutais pas. Défendu !

Il ajoute.

Mais, bien sûr, on a des oreilles — c'est humain — j'entendais !

LA PRÉSIDENTE

Quoi, par exemple ?

LA FICELLE

Rien de grave. Sans ça j'aurais fait mon rapport, vous pensez ! Consigne, consigne ! Des réflexions comme ça, sur des minettes, sur des fesses qui lui avaient plu. Des regrets, quoi !

Son œil tourne un peu puis, il se lance, un peu ignoble.

Il faut être franc, mon lieutenant, toujours, avec les chefs ! Monsieur, le pouvoir phallocrate, il le regrettait un peu, quoi ! Comme beaucoup qui n'ont pas accepté la révolution de bon cœur. Alors, moi, à ces moments-là, de marbre ! Parce que moi, vous pouvez demander à Flipote ma femme, jamais un mot déplacé — même avec un verre dans le nez — jamais une allusion. Défendu ! Les mignonnes moi, je les vois même pas ! Je suis recto, moi, là-dessus. La consigne ! Un curé ! Seulement le jour prévu pour les rapports conjugaux alors « A vos ordres, mon lieutenant ! » Et de bon cœur ! Je rechigne pas comme certains. Seulement, il faut que ce soit la femme qui demande. Sans ça même pas un petit mot coquin, un petit geste qui veut dire... même le jour permis ! Un gentleman, quoi ! Comme on les aime, maintenant. Les officiers, ils le disaient déjà pendant la guerre : « Avec La Ficelle... »

LA PRÉSIDENTE *l'interrompt, agacée.*

Vous sortez du sujet. Et vous n'avez pas nettement répondu à ma question. Du temps de sa liaison avec la fille Parempuire l'accusé vous faisait-il des confidences sur elle ?

LA FICELLE

C'était pas le genre de Monsieur. Moi, il m'arrivait de dire comme elle sortait de la pièce, pour tâter, comme ça, pour voir — au cas où j'aurais été amené à faire un rapport à mes chefs... « Elle est joliment roulée, la petite ! » Il répondait pas. Il travaillait dans l'ombre. C'était un homme secret, Monsieur.

LA PRÉSIDENTE

Vous est-il arrivé de les surprendre ensemble ?

LA FICELLE

Oh ! il se cachait bien le lapin ! Entre deux portes, pof ! Ni vu ni connu, je t'embrouille ! Il avait la technique, depuis le temps qu'il pratiquait. Dans la chambre peut-être au moment du ménage comme on vous l'a dit, ma Présidente, ou quand elle lui apportait son petit déjeuner, tôt le matin en haut de la tour, dans son bureau... A la cuisine, pas moyen ! Il y avait toujours Flipote. Et dans la chambre de la fille, à l'étage du personnel, impossible. J'aurais vu. J'avais fait un trou dans la cloison.

FLIPOTE *bondit.*

C'est toi qui l'avait fait le trou à la hauteur du lavabo, grand dégoûtant ?

LA FICELLE

Reviens pas là-dessus ! Je te l'ai dit quand tu m'as appelé pour le boucher. C'était un trou ancien, du temps du pouvoir phallocrate. C'est amnistié !

FLIPOTE

Mais c'est tout de même toi qui l'avais fait, pour regarder les filles de cuisine se déshabiller le soir ? Je finissais mes comptes en bas : « Je monte, qu'il disait, j'ai la migraine. » Le cochon !

LA FICELLE

Puisque je te dis que c'est amnistié ! C'est un vieux trou !

LA PRÉSIDENTE, *agacée, agite sa sonnette.*

Silence tous les deux ou je fais évacuer la salle ! Femme Flipote, rasseyez-vous !

FLIPOTE, *s'asseyant.*

Ça se paiera !

LA FICELLE, *terrorisé.*

Vous témoignerez, chef, si elle va se plaindre au Comité ! C'est un trou qui est amnistié. Il y a des lois ! Du temps du pouvoir phallocrate, peut-être, mais maintenant, La Ficelle, jamais !

Il se prend un peu les pattes.

Tenez, ma Présidente, on pourrait le détacher ce plâtre, délicatement, et le remettre ni vu ni connu, je m'en servirais même pas du trou, tellement je suis changé !

Il a conscience soudain qu'il en fait un peu trop, il conclut, noble :

Je suis pour la nouvelle société, sincèrement, moi !

FLIPOTE *lui crie encore.*

Je l'ai fait tomber l'autre jour en essuyant. Il tient plus ton plâtre !

LA FICELLE, *un peu démonté, jouant mal.*

Ah ? Il a tendance à sécher, comme tous les plâtres. Tout s'use.

LA PRÉSIDENTE, *sèche.*

Notre patience aussi ! Vous n'avez aucun fait précis à rapporter concernant l'accusé ? Je vous ferai remarquer que vous avez tout intérêt à vous désolidariser nettement de l'attitude et des idées phallocrates de votre patron. Les soupçons de votre femme sur certains de vos agissements me semblent bien près de justifier le dépôt d'une plainte, de sa part, au Comité de Vigilance du XVIe arrondissement, en violation de l'article 712. Entendons-nous bien ; je ne fais aucune pression sur vous, je n'en ai pas le droit dans l'enceinte de ce tribunal, siégeant comme juge et vous interrogeant comme témoin... Mais je suis femme, je fais partie moi-même du Comité, et s'il nous arrivait, avec mes collègues, d'être amenées à trancher de votre cas, l'assurance que je pourrais leur donner de votre loyauté pourrait les inciter dans un cas relativement bénin, comme le vôtre, à l'indulgence...

Il y a un silence, puis La Ficelle, l'œil torve, pâle de peur, s'écrie :

LA FICELLE

Dans ce cas je serai franc ! Mes collègues du régiment vous le diraient : « La Ficelle ! le cœur sur la main — mais jamais poire ! »

Il se met à table, durci, sournois.

Voilà. Quand il a vu que ça tournait au vinaigre pour lui, attaché au poteau, son procès dans deux heures, il m'a proposé de l'argent pour passer la frontière suisse avec lui. Et moi je lui ai répondu : « Les femmes... ça a peut-être des défauts, mais la bonne femme, c'est la bonne femme. Et il y a les enfants. On ne peut pas abandonner tout ça, de quoi ça vivrait ? On n'aurait pas la conscience tranquille. »

Il se retourne vers Léon.

Sur l'honneur, chef, entre hommes ! C'est pas vrai que je vous ai dit ça ?

LÉON, *après une imperceptible hésitation, très digne.*

Si. A un mot près, il m'a exactement dit ça.

LA FICELLE *gueule, au garde-à-vous.*

Merci, chef ! Entre hommes. La Ficelle toujours loyal ! A bas le pouvoir phallocrate ! Vive la France ! Vive de Gaulle !

LA PRÉSIDENTE

Le tribunal vous remercie. Vous pouvez vous rasseoir.

Elle consulte ses assesseurs et son code.

Accusé, la déposition du témoin oblige la Cour à joindre, à vos différents chefs d'accusation, celui de tentative de fuite en pays étranger, qui tombe sous le coup du nouvel article 813 et qui est passible d'une peine de cinq à dix ans d'internement dans un camp de travail disciplinaire.

Nous allons procéder maintenant à l'audition des membres de la famille.

Je leur signale — quoique nul ne soit censé ignorer la loi — que l'ancien code tenait pour nul tout témoignage à charge d'un membre de la famille de l'accusé. Le nouveau code, issu de la Révolution, reconnaît dans son article 18, à tout membre féminin de la famille, le droit de témoigner à charge contre un membre masculin — sans que ce témoignage soit fait sous la foi du serment. Le législateur a voulu, par là, marquer sa volonté de défendre et d'affirmer les droits d'affabulation intuitive de la femme — si longtemps méconnus.

Elle fait un geste. Le second assesseur appelle.

LE SECOND ASSESSEUR

Madame Gabrielle Pignard-Legrand, belle-mère de l'accusé.

On fait avancer jusqu'à la sellette, la belle-mère un peu ahurie.

LA PRÉSIDENTE, *aimable.*

Avancez une chaise au témoin ! C'est particulièrement pour vous, Madame, que j'ai fait ce petit exposé sur la nouvelle législation en vigueur. Vous êtes une personne d'âge, toute votre vie s'est déroulée sous le régime phallocrate et vous êtes tout excusée d'avance, de ne pas avoir assimilé exactement les tendances de notre nouvelle société.

LA GRAND-MÈRE *clame soudain.*

Je suis née le 28 mars 1896 à Saint-Quentin.

LA PRÉSIDENTE

Bien, Madame. Ce détail est sans importance. C'est sur les rapports intimes de votre gendre et de votre fille que nous voudrions entendre votre témoignage.

LA GRAND-MÈRE, *toujours aussi fort.*

Saint-Quentin, Nord. Mais toute ma famille était des Vosges. Mon père s'était établi à Saint-Quentin à la suite d'un malentendu avec son oncle.

LA PRÉSIDENTE, *un peu surprise.*

Bien, Madame. Je vais vous poser une question précise. Nous savons toutes quelle est l'intuition, la vigilance d'une belle-mère. Avez-vous eu le sentiment, tout au moins ces dernières années, que votre fille et votre gendre formaient un couple véritablement uni ?

LA GRAND-MÈRE, *péremptoire.*

Quelle question ! S'il n'y avait pas eu la guerre de 14 nous serions tous restés à Saint-Quentin ! Nous détestions la vie de Paris. Sauf mon frère. Mais c'était un original. Nous ne nous sommes jamais entendus. Il avait épousé une personne qui n'était pas de notre milieu.

LA PRÉSIDENTE, *démontée.*

Mais votre gendre ?

LA GRAND-MÈRE *ricane, amère.*

C'est peu dire qu'elle avait mauvais genre ! C'était une femme qui se fardait. Certains disent qu'elle avait tenu un hôtel meublé à Louveciennes.

Ada affolée dit quelque chose à l'oreille de Flipote qui avertit La Ficelle, lequel va parler à l'oreille du second assesseur qui avertit la Présidente. Celle-ci se met aussitôt à hurler :

LA PRÉSIDENTE, *hurlant.*

C'est du mari de votre fille que nous aimerions vous entendre parler !

LA GRAND-MÈRE, *aussi fort qu'elle.*

Car cette fille — je vois que vous êtes au courant ! — avait eu en effet, un premier mari. C'était une divorcée ! C'est pour ça que nous n'avons jamais revu mon frère — sauf aux enterrements, parce qu'il y venait seul.

LA PRÉSIDENTE *hurle.*

Écoutez-moi bien, Madame !

LA GRAND-MÈRE, *calme.*

Je ne fais que ça. Mais je me demande pourquoi vous criez. Articulez, cela suffit.

LA PRÉSIDENTE, *articulant.*

Je ne veux vous poser qu'une question. En votre âme et conscience, avec votre intuition de mère et de femme, avez-vous jamais douté que les hommes, à quelques exceptions près, fussent coupables ?

LA GRAND-MÈRE

Je n'ai jamais fait de politique et j'étais trop jeune à l'époque... Mais je puis vous assurer que mon père a toujours pensé que le capitaine Dreyfus était coupable.

LA PRÉSIDENTE, *complètement découragée.*

Le Tribunal vous remercie, Madame. Vous pouvez regagner votre place... Il faut que quelqu'un se charge d'elle !

Elle appelle.

Madame de Saint-Pé !

Léon a parlé à l'oreille de Lebelluc, il fouille dans sa poche et lui donne un papier plié en quatre que Lebelluc se met à lire.

ADA, *qui ramène sa mère à sa place.*

Viens, maman, je vais te reconduire à ta place.

LA GRAND-MÈRE, *regagnant sa place, à haute voix, à Ada.*

Je me demande pourquoi on m'a fait quitter ma chambre pour me poser des questions sur le capitaine

Dreyfus ? Un drôle de pistolet, ce Président, tu n'as pas remarqué qu'il avait l'air d'une femme déguisée ?

ADA *lui crie dans l'oreille.*

La Présidente voulait te demander ton opinion sur Léon !

LA GRAND-MÈRE

De quel droit ? C'est une affaire de famille.

ADA, *pincée.*

Plus maintenant. Heureusement. C'est une affaire de justice. La femme a des droits.

LA GRAND-MÈRE

Une fois, une de mes voisines est venue me dire : « On m'a dit qu'on avait vu votre mari entrer avec une femme à l'Hôtel Terminus. » — « Ah, oui, Madame ? » je lui ai répondu. « Moi, on m'a dit que c'était avec vous ! »

ADA

Oui. Tu me l'as déjà raconté dix fois. L'audience va reprendre. Il faut te taire maintenant, maman.

LA GRAND-MÈRE *se rassoit, furieuse.*

Alors, je me demande bien pourquoi on me pose tant de questions !

ADA, *revenue à la barre.*

Je demande au Tribunal de m'excuser. Je croyais ma mère en état de répondre à ses questions. Il y a des jours où elle entend très bien.

LA GRAND-MÈRE *crie de sa place.*

J'entends toujours très bien !

LA PRÉSIDENTE

Si la défense est d'accord, le Tribunal propose de renoncer à l'audition du témoin.

LEBELLUC *se lève.*

La défense est d'accord, Madame la Présidente. Mais auparavant, la défense aimerait donner lecture au tribunal d'un petit billet que nous avons reçu de notre belle-mère, précisément, à l'occasion de notre dernier anniversaire.

LA PRÉSIDENTE,
après avoir consulté ses assesseurs.

Vous avez la parole, maître.

LEBELLUC *commence à lire.*

« Bon anniversaire, mon cher Léon! Je sais que c'est bien triste de le passer attaché à un poteau. Les femmes sont devenues folles et idiotes. Mais c'est votre faute aussi, il ne fallait pas vous faire prendre. Mon mari m'a trompée toute sa vie, mais c'était un homme plein d'égards et il s'est arrangé pour que je puisse avoir l'air de ne pas m'en apercevoir. A part cela il m'a comblée de tout; je l'ai respecté jusqu'à sa mort et sa perte m'a laissée inconsolable... Moi, de mon côté, je ne l'ai jamais trompé — uniquement parce que la chose ne m'intéressait pas.

Mais ma fille a toujours été un peu mesquine — je ne vous l'apprends pas — et c'est quelquefois vous que je plains! Je vous ai fait en cachette un gros gâteau au chocolat, comme je sais que vous les aimez, et je m'arrangerai pour vous le faire porter cette nuit par la petite.

Je vous embrasse. » Signé : Gabrielle.

Sensation dans la salle, la Grand-mère qui a tout entendu visiblement, sourit, ravie.

ADA *s'est dressée, vipérine, elle hurle.*

Maman !

LA GRAND-MÈRE, *calme, du fond de la salle.*

Qu'est-ce qu'il y a, mon petit ? Tu as mal quelque part ?

ADA *glapit, hystérique.*

Maman c'est indigne ! Je suis ta fille !

LA GRAND-MÈRE, *calme.*

Mais bien sûr. Ne crie pas comme ça : tout le monde le sait.

ADA

Jamais je n'aurais cru que la défense de Léon, c'est toi qui la prendrais, fût-ce un instant !

LA GRAND-MÈRE *l'interrompt, agacée.*

Toi aussi alors ? Je t'ai déjà mille fois dit que ton grand-père n'avait jamais cru le capitaine Dreyfus innocent !

ADA *glapit, en larmes, trépignant.*

Maman, c'est une comédie ! Tu te moques de moi ! Moi je sais très bien que tu entends tout quand tu veux ! Et je sais que tu sais très bien que ce n'est pas du capitaine Dreyfus que je te parle ! Je te parle de Léon !

LA GRAND-MÈRE

Alors sois plus claire ! Tu embrouilles tout, comme toujours.

ADA, *sanglotante, poursuit.*

De Léon qui m'a trompée, avec une fille de rien, dans des conditions ignobles, qui lui a fait un enfant !

LEBELLUC *se dresse.*

La défense proteste contre les allégations tendancieuses de la partie adverse ! Allégations qui vont à l'encontre des conclusions prises par le Tribunal ! Nous ne sommes pas le père. L'enfant est noir !

ADA, *dans ses sanglots.*

C'est facile à dire !

LA PRÉSIDENTE *agite sa sonnette.*

L'incident est clos. Des conclusions ont été prises par le Tribunal concernant la présomption du crime de paternité illégitime. Nous passons à la suite des débats. Vous parlerez tout à l'heure quand la parole sera à l'accusation. Regagnez votre place. Le tribunal doit entendre auparavant la déposition du fils de l'accusé.

Elle fait signe à l'assesseur qui appelle.

L'ASSESSEUR

Charles-Henri de Saint-Pé !

TOTO *se lève et rectifie.*

Toto !

LA PRÉSIDENTE *sursaute.*

Quoi « Toto ? »

TOTO, *s'avançant.*

On m'a toujours appelé Toto. Charles-Henri, connais pas.

LA PRÉSIDENTE

Nous sommes ici dans une cour de justice et non dans une réunion amicale et l'exactitude de l'état civil du témoin est de règle.

TOTO

Ah, bon? Je disais ça pour qu'on soit tous plus décontractés.

LA PRÉSIDENTE

Charles-Henri de Saint-Pé, quoique vous soyez un membre de la famille, comme vous en êtes un membre mâle, par une juste suspicion du législateur, le serment est exigé pour vous. Jurez de dire la vérité, toute la vérité rien que la vérité, levez la main droite et dites : je le jure.

TOTO, *levant la main gauche.*

Je le jure!

LA PRÉSIDENTE, *agacée.*

Je vous ai dit la main droite!

TOTO, *imperturbable.*

Je suis gaucher. Et gauchiste.

LA PRÉSIDENTE

Cela ne fait rien. Vous devez tout de même lever la main droite!

TOTO, *buté.*

Moi je veux bien, mais ça sera gauchement.

Il lève faiblement la main droite et clame :

Je le rejure! Mais je trouve que ça fait fasciste.

LA PRÉSIDENTE, *au bord de la crise de nerfs.*

La loi exige que vous disiez : je le jure !

TOTO

Je vous l'avais déjà dit. C'est vous qui m'avez fait recommencer !

LA PRÉSIDENTE

Vous savez que l'insolence envers le Tribunal est prévue et sanctionnée à l'article 912 du nouveau code de procédure criminelle ? Vous voulez que je vous le lise ?

TOTO, *vaincu en apparence.*

Bon... Si vous faites la méchante : je le jure !

LA PRÉSIDENTE, *essoufflée.*

Bien. Quels étaient vos rapports avec votre père ?

TOTO

Mauvais. Il me faisait peur.

LA PRÉSIDENTE

Il vous brutalisait ?

TOTO

Non. Il en était bien incapable. Depuis l'âge de douze ans je suis plus fort que lui. Il savait que je lui aurais rendu. Et ce n'est pas un héros, papa !

LA PRÉSIDENTE

Alors, si ce n'était pas sa force physique, qu'est-ce qui vous faisait peur chez lui, enfant ?

TOTO, *angélique et sournois.*

Son phallus, Madame la Présidente.

Sensation dans la salle.

LA PRÉSIDENTE, *intéressée.*

Expliquez-vous.

TOTO

Je suis un enfant de la psychanalyse, c'est pour ça que je suis perturbé.

LA PRÉSIDENTE

Expliquez-vous mieux.

TOTO, *sérieux comme un pape.*

Mon moi a beaucoup de mal à sonder les abîmes de mon sur-moi. Forcément ! Le phallus de papa fait bouchon.

LA PRÉSIDENTE, *très intéressée.*

Vous dites que le phallus de votre père vous effrayait. Il vous l'avait montré ?

TOTO

Quand il pissait, bien sûr, comme tous les hommes. Vous, les femmes, vous pissez seules, nous, nous pissons en groupe dans les cafés et les restaurants. Alors on a l'occasion de se voir. Voilà une chose qui devrait retenir l'attention des nouveaux législateurs, les urinoirs ! Mais les femmes n'y pensent pas, elles n'y vont pas.

LA PRÉSIDENTE, *grave, prenant note.*

Ce que vous dites est très intéressant. Nous n'y avons jamais pensé, en effet.

TOTO, *péremptoire.*

Il faut supprimer les urinoirs ! C'est là que ça respire le pouvoir phallocrate, à plein nez ! Cette façon qu'ils ont de sortir ça d'un geste large : on dirait des duellistes qui dégainent... Ah ! ils en sont fiers de leur instrument !

LA PRÉSIDENTE, *attendrie.*

Vous semblez un jeune homme tout acquis aux idées nouvelles et je vous en félicite. Il est si rare que le cas se présente ! Vous avez peut-être été opéré volontairement afin de préparer le concours de l'E.N.A. ou toute autre grande carrière de l'État ?

TOTO

Non, non.

LA PRÉSIDENTE *suggère, attendrie.*

Inverti, alors ?

TOTO, *sournois et goguenard à la fois.*

Non, non. Je suis un enfant perturbé, Madame la Présidente, voilà tout. Le complexe d'Œdipe, moi, à bloc ! Sans compter le complexe de castration. Je ne fais que des conneries, d'accord, je n'ai jamais rien réussi, d'accord. Mais c'est parce que le phallus de papa me fait peur.

LA PRÉSIDENTE, *attendrie.*

Mon pauvre garçon ! Et, bien entendu, l'idée que votre père possédait votre mère vous a toujours fait horreur...

TOTO

Oh ! la la ! Un vrai cauchemar. J'en dormais plus. Toutes les nuits dans le couloir, en chemise, à guetter la porte de la chambre pour écouter si le lit grinçait. En pleine psychanalyse, quoi, depuis que je suis tout petit ! J'ai longtemps été un enfant malingre, je ne me développais pas. Il y avait l'ombre gigantesque du phallus de papa qui m'étiolait. Plus de soleil, plus d'oxygène. Il n'y a que depuis la révolution que ça va un peu mieux.

Des phallus de papa, moi, j'en voyais partout, petit, Madame la Présidente ! Quand la bonne empoignait son balai pour faire le ménage, on me retrouvait caché, grelottant, dans la cave ; on ne comprenait pas pourquoi. Et le rouleau à pâtisserie de la cuisinière ! C'est bien simple, je n'ai jamais pu manger de la tarte aux pommes ; je vomissais... J'ai raté quatre fois mon bac, c'est entendu, mais vous croyez qu'ils m'auraient mené chez un psychiatre, au lieu de m'engueuler et de m'enfermer tout l'été dans des boîtes à bachot ? Il le leur aurait dit, le psychiatre, que c'était parce que j'avais peur de mon stylo... Une inhibition, quoi ! Je ne pouvais pas me décider à écrire avec le phallus de papa ! C'est pour ça que j'ai raté tous mes examens !

LA PRÉSIDENTE, *au bord des larmes.*

Pauvre enfant !

TOTO, *attendri lui-même.*

Une triste histoire, Madame la Présidente ! Un enfant perturbé comme il y en a des milliers de nos jours. Mais on commence seulement à s'en apercevoir, grâce à la grande presse et à la télévision.

LA PRÉSIDENTE,
de plus en plus compréhensive.

Et naturellement, mon pauvre garçon, la mésentente de vos parents, due à l'attitude brutale et phallocrate de votre père, achevait de vous renfermer en vous-même ?

TOTO, *pénétré.*

J'en sortais plus jamais, Madame la Présidente, même le dimanche ! même par beau temps ! Je ne savais plus où j'en étais...

On m'a accusé d'avoir volé des choses dans les grands magasins, vers les 15 ans. Ça en a fait un barouflе ! C'est parce que papa était de l'Académie Française qu'on a étouffé. Mais vous croyez qu'on s'est posé des questions ? Qu'on s'est demandé le pourquoi et le comment d'un pauvre gosse perturbé ? C'était plus facile, bien sûr, d'insinuer que c'était pour me faire de l'argent de poche ! Mais ils se disputaient tout le temps à la maison, alors, moi, forcément, je volais dans les grands magasins !

J'avais entendu papa traiter maman de saleté au déjeuner et, le soir même, je volais une salière ! Ils ont dit qu'elle était en argent, mais moi je n'y avais même pas pensé, je vous le jure ! C'était l'inconscient des associations. Mais allez le faire comprendre aux Inspecteurs des Grands magasins : des minus ! Le lendemain, maman traitait papa de coureur, alors je volais un vélo de course ! C'était pourtant clair. Mais toujours l'incompréhension, Madame la Présidente. Ah ! c'est dur la vie d'un enfant de couple désuni !

LA PRÉSIDENTE, *compatissante.*

Hélas, mon petit !...

TOTO, *poursuivant.*

Et toujours la hantise du phallus de papa, par là-dessus ! Il me poursuivait ! Une fois, j'ai été au poste. J'avais cassé la figure à un agent de la circulation, d'accord ! Ils ont dit que j'étais saoul, les brutes. Trop facile ! Et l'angoisse, hein ? Allez la faire comprendre l'angoisse psychosomatique à un commissaire de police complètement illettré ! C'est parce que ce salaud de flic avait levé son bâton blanc, juste au moment où j'allais accélérer, place Saint-Germain-des-Prés, à minuit, en plein trafic. Ça a été plus fort que moi, j'ai cru qu'il m'agressait. J'ai sauté de ma voiture et je lui ai cassé son bâton sur la gueule, forcément ! Papa, toujours papa et son phallus — partout !

Il gémit, pathétique.

Ah ! quelle vie !

Il ajoute, grave.

C'est d'ailleurs pour ça que je suis anti-fasciste, Madame la Présidente !

LA PRÉSIDENTE, *pénétrée.*

Je vous comprends. Vos débuts dans la vie ont dû être bien difficiles, mon pauvre petit. Et, naturellement, vous tenez votre père pour responsable.

TOTO, *net.*

De tout.

LA PRÉSIDENTE, *maternelle.*

L'idée d'une confrontation avec votre père ne vous fait pas trop peur, mon pauvre petit ?

TOTO, *angélique.*

Non. Ici, je me sens protégé. Il ne peut plus rien, le vilain phallus de papa. Il se fait tout petit, en ce moment. C'est lui qui a peur.

LA PRÉSIDENTE *se tourne vers Léon, sévère.*

Accusé, levez-vous ! Vous venez d'entendre la déposition de votre malheureux enfant. J'imagine que les souffrances de ce petit être vous ont été complètement étrangères, dans l'inconscience de votre égocentrisme forcené de mâle. Je présume même que l'idée que vous vous faisiez, sans doute — comme tous vos pareils — de vos prérogatives et de vos responsabilités de chef de famille — cette vieille hypocrisie heureusement aujourd'hui démasquée — ont dû vous paraître suffisantes pour justifier votre attitude répressive ?

LÉON, *tranquillement.*

Ma femme m'a toujours traité de faible, de chiffe molle, de gâteux, incapable de la sévérité nécessaire à l'éducation d'un garçon. Elle n'a pas prêté serment, mais elle peut peut-être vous le confirmer, dans un moment d'honnêteté ?

ADA *se dresse, acerbe.*

C'est une très vieille histoire, toujours la même, Madame la Présidente ! Pour assurer la tranquillité de ses turpitudes — je veux dire, pour apaiser sa mauvaise conscience —, mon mari passait tout à son fils ! Il le couvrait d'argent de poche et de cadeaux coûteux, alors qu'il était si chiche avec moi ! Il a fallu que je me débatte pour faire mettre mon fils dans une pension convenable, à dix ans ! Et vous savez ce qu'il a fait, Madame la Présidente — j'en ai honte encore ! — dans le bureau du directeur de l'école des Roches, au dernier moment ? Il a refusé de signer la demande d'inscription ! Nous avons dû revenir huit jours plus tard.

LÉON, *goguenard.*

Le phallus de papa avait peur du stylo, à son tour. Il avait le sentiment de commettre une lâcheté.

ADA

Une lâcheté ! S'il y était resté, ton fils, aux Roches, il ne serait pas ce qu'il est en ce moment !

LÉON

Voire !

Il se tourne vers Toto.

Regarde-moi, toi !

TOTO, *fuyant soudain.*

Tu crois que tu me fais peur ?

LÉON

Non. Il est tout petit, tu as raison, en ce moment, le phallus de papa. Tout petit devant la bêtise triomphante, il ne te mordra pas. Regarde-moi donc en face, petit sournois ! Tu as le Tribunal, tout le nouveau code et l'opinion publique unanime pour toi. Il n'y a pas un homme ici, qu'est-ce que tu risques ?

Toto le regarde en dessous, il poursuit.

Quand ta mère a réussi à t'y mettre tout de même, aux Roches, contre moi, et que tu y étais trop malheureux loin de nous — qui se tapait cent quatre-vingt-dix kilomètres aller retour, pour sauter le mur clandestinement en semaine et venir te consoler cinq minutes, en cachette, au bout du petit bois, à la récréation ?

TOTO, *révulsé, méchant soudain, s'écrie.*

C'est de la cruauté mentale ! Faites-le taire, Madame la Présidente ! Je le connais ! Il va commencer à me torturer. Ah ! Il s'y entend pour vous donner des remords, le vieux Tartuffe ! C'est son métier ! Il commence à parler et au bout de cinq minutes on ne sait plus où on en est !

LA PRÉSIDENTE *crie, sévère, à Léon.*

Accusé, asseyez-vous ! Vous perturbez ce malheureux enfant. C'est vous, ici, qu'on accuse ! C'est vous, qui êtes passible des lois répressives de la Nouvelle Société ! Ce n'est pas lui !

LÉON, *calme.*

Je voulais seulement le faire se souvenir — s'il se souvient un tant soit peu de son enfance — que le phallus de papa c'était plutôt un sucre d'orge !

Indignation dans la salle.
Ada glapit, dressée :

ADA

Oh ! Devant tout le monde ! Tu es un goujat, Léon ! Et un grossier personnage !

LA PRÉSIDENTE *se dresse et glapit aussi, agitant sa sonnette.*

C'est indécent ! Taisez-vous ! Vous n'avez plus la parole ! Vous tombez sous le coup de l'article 317 : propos graveleux ! Et de l'article 912 : insulte au Tribunal ! Le Tribunal va déposer des conclusions :

Elle ramasse fébrilement ses papiers et ses codes, ainsi que ses assesseurs. Ils se cognent les uns aux autres dans un désordre indescriptible.

Garde ! Reconduisez l'accusé. Faites évacuer la salle ! L'audience est suspendue !

Désordre. Tout le monde se lève. Lebelluc se penche sur Léon.

LEBELLUC

Tu es frit, mon vieux. Tes plaisanteries de garçon de bains t'auront encore perdu. Définitivement, cette fois !

LA FICELLE *va à Léon, au garde-à-vous.*

On y va ! L'ordre c'est l'ordre, chef.

Il emmène Léon très abattu, tandis que tout le monde sort en commentant le scandale.

Pendant que les autres sortent, Lebelluc s'avance vers la rampe et dit au public :

LEBELLUC

Vous avez entendu ? Évacuez la salle. C'est l'entracte.

Le rideau n'est pas tombé. Lebelluc sort et la lumière s'éteint.

Quand les spectateurs ont regagné leur place, après l'entracte, tous les personnages reviennent sur le plateau dans la pénombre. Il y a une attente. La lumière revient et le tribunal entre. Tout le monde se lève.

LA PRÉSIDENTE

Avant de donner la parole à la défense — à la demande expresse de l'accusation, qui a estimé ce témoignage nécessaire à l'établissement de la vérité — le tribunal a décidé, exceptionnellement, d'entendre la fille cadette de l'accusé, la jeune Marie-Christine, dix ans.

Les petites filles des Sections des Jeunes Pionnières du Parti sont invitées, vous ne l'ignorez pas, à faire hebdomadairement à leurs monitrices un rapport sur les conversations intimes de leurs parents. C'est dans le cadre de cette disposition de la loi, que nous allons entendre le jeune témoin.

Une attente encore, elle s'exclame :

Qu'est-ce qu'elle fait ?

FLIPOTE *qui entre, amenant Marie-Christine.*

Excusez-la, Monsieur le Président, elle était au petit coin.

LA PRÉSIDENTE, *maternelle.*

Avancez, ma jolie petite fille. N'ayez pas peur. Nous sommes toutes ici des amies. Vous devez vous sentir aussi à l'aise que dans le bureau de votre chère monitrice, au cours de votre leçon de délation du samedi. Tout ce que nous voulons, c'est savoir certaines choses sur votre papa. Vous aimez bien votre maman, j'en suis sûre ?

MARIE-CHRISTINE, *voix d'enfant,*
elle joue l'enfant comme tous les enfants.

Oh ! oui, Madame.

LA PRÉSIDENTE

Et vous avez à cœur de la défendre, j'en suis sûre aussi, comme une bonne petite fille, contre votre papa ?

MARIE-CHRISTINE, *même jeu.*

Oh, oui, Madame !

LA PRÉSIDENTE, *satisfaite du cours*
que prennent les choses.

Très bien. Tout ce qu'on vous demande, c'est de dire ici la vérité, toute la vérité, rien que la vérité, sur ce que vous avez entendu à la maison. Aux grandes personnes on demande de lever la main droite et de dire : « je le jure ». Aux enfants on ne le demande pas. Vous savez pourquoi ?

MARIE-CHRISTINE, *de plus en plus enfant.*

Parce que c'est vilain de jurer !

LA PRÉSIDENTE, *attendrie, à ses assesseurs fondants.*

C'est un chou ! Non, ce n'est pas pour ça, mais cela ne fait rien. Tout ce qu'on vous demande c'est de répondre franchement à nos questions et surtout de dire bien tout. D'abord vos rapports avec votre papa. Votre papa était très méchant avec vous, n'est-ce pas ?

MARIE-CHRISTINE

Oh ! non, Madame.

LA PRÉSIDENTE, *un peu déçue.*

Cherchez bien. Un peu tout de même ? Il ne vous battait jamais ? Une bonne gifle quand vous aviez menti ou renversé la carafe à table ? Cela arrive à tout le monde...

MARIE-CHRISTINE

Oh ! non, Madame.

LA PRÉSIDENTE, *chattemite.*

Nous savons tous que les mamans ont le droit de corriger leur petite fille, c'est pour leur bien. Mais vous savez que c'est interdit aux papas, maintenant. Votre papa ne vous battait vraiment jamais, par exemple quand votre maman ne le voyait pas ?

MARIE-CHRISTINE

Oh ! non, Madame.

LA PRÉSIDENTE

Vous étiez une petite fille exceptionnellement gâtée à la maison, voilà tout. Parce que vous n'allez pas tout de même me dire que votre chère maman, elle, vous battait ?

MARIE-CHRISTINE

Oh ! si, Madame.

ADA *bondit.*

Marie-Christine ! Je t'ordonne d'être franche ! Je te battais, moi ?

MARIE-CHRISTINE, *le coude levé pour se protéger.*

Non, maman ! Seulement pour mon bien.

LA PRÉSIDENTE

Bien. Votre papa ne vous brutalisait pas, ce n'était pas son genre, voilà tout. Mais il était tout de même très sévère avec vous, beaucoup plus que votre maman ?

MARIE-CHRISTINE

Oh ! non, Madame !

Elle lève le coude et rectifie.

Oh ! si, Madame !

LA PRÉSIDENTE *satisfaite.*

Nous nous en doutions bien. Vous souvenez-vous de la dernière fois où il vous a grondée très fort ?

La petite ne répond pas.

Allons, essayez de vous rappeler ! Il ne doit pas y avoir si longtemps ! C'est pour quoi ?

MARIE-CHRISTINE *finit par avouer.*

C'était à cause de la bonne.

LA PRÉSIDENTE, *intéressée.*

Ah ! A cause de la bonne. En quelles circonstances ?

MARIE-CHRISTINE, *après une hésitation.*

J'étais entrée sans frapper dans la chambre de papa, pendant qu'elle faisait le ménage et...

Elle s'arrête.

Léon et Lebelluc échangent des regards inquiets.

LA PRÉSIDENTE

Allons, un peu de courage. Nous sommes là pour savoir la vérité et les petites filles sages disent toujours la vérité. Vous êtes entrée sans frapper pendant qu'elle faisait le ménage dans la chambre de votre papa et... vous avez vu ? Dites ce que vous avez vu, ma gentille petite fille, même si cela vous fait un peu honte... C'est pour le bien de votre chère maman !

MARIE-CHRISTINE *hésite encore puis se décide.*

J'ai vu la bonne qui était en train de se mettre de l'eau de Cologne de la bouteille de papa, sous les bras. Alors, j'ai été le dire à maman et le soir, papa m'a grondée très fort et il m'a dit que c'était très vilain de rapporter.

LA PRÉSIDENTE, *un peu déçue.*

C'est en effet très vilain de rapporter, sauf en certaines circonstances, comme aujourd'hui, ou c'est au contraire très bien ! Cette fille s'inondait les aisselles de parfum et que faisait votre papa pendant ce temps-là ? Il la regardait ? De tout près ?

MARIE-CHRISTINE

Oh ! non. Papa n'était pas là. Il était déjà monté dans son bureau, il travaillait.

LA PRÉSIDENTE, *encore déçue.*

Ah ! bon. Et à ce bureau vous y montiez quelquefois ?

MARIE-CHRISTINE

Oh ! non, Madame. C'était défendu !

LA PRÉSIDENTE

Mais vous y montiez tout de même, comme toutes les petites filles espiègles ! Nous avons toutes été des petites filles espiègles, vous savez, ici — il y a très longtemps, hélas !

Elle minaude, coquette, ainsi que ses deux assesseurs.

Allons, avouez que vous y montiez en cachette, à ce bureau, en prenant soin de ne pas faire craquer les marches ?

MARIE-CHRISTINE, *dans un souffle.*

Oui, Madame.

LA PRÉSIDENTE, *mutine.*

Et vous mettiez l'oreille à la porte, n'est-ce pas, petite coquine ?

MARIE-CHRISTINE *baisse le nez.*

Oui, Madame. C'était très vilain.

LA PRÉSIDENTE, *toujours mutine.*

Mais non, mais non ! Et qu'est-ce que vous entendiez, l'oreille à la porte, petite coquine ? Mon petit doigt me dit que cela devait être très intéressant !

MARIE-CHRISTINE, *après un temps, avoue.*

De gros soupirs.

LA PRÉSIDENTE, *allumée.*

Voyez-moi ça ! Des soupirs. De gros soupirs ! Et des bribes de paroles peut-être. Vous souvenez-vous de certaines d'entre elles ?

MARIE-CHRISTINE

Oui, Madame.

Elle ajoute après un petit temps.

Mais je ne peux pas les répéter. C'est trop vilain pour une petite fille.

Sensation dans la salle.
Inquiétude de Léon et de Lebelluc.

LA PRÉSIDENTE, *de plus en plus chattemite.*

D'habitude, oui, il ne faut pas dire des choses vilaines... Mais les répéter quand on les a entendu dire à ses parents, et surtout à son papa — votre monitrice aux Jeunes Pionnières du Parti a déjà dû vous expliquer que cela n'était pas vilain.

Elle ajoute.

C'est même très bien.

Marie-Christine se tait.
Ada se lève et glapit menaçante.

ADA

Marie-Christine, je t'ordonne d'être franche !

MARIE-CHRISTINE, *avec un mouvement du coude, esquissé.*

Oui, maman !

ADA

Répète à Madame la Présidente ce que tu as entendu après ces gros soupirs derrière la porte. Même si c'est très vilain. C'était papa ?

MARIE-CHRISTINE

Oui, maman !

LA PRÉSIDENTE

Et qu'est-ce qu'il disait papa, après ces gros soupirs que vous avez entendus derrière la porte ?

MARIE-CHRISTINE *hésite un peu, puis lance allègre.*

Merde ! Merde ! Merde ! Merde ! Ça m'emmerde ! J'en ai assez d'écrire pour le *Figaro !*

Déception générale.
Soulagement de Léon et de Lebelluc.

LA PRÉSIDENTE, *déçue.*

C'est tout ?

MARIE-CHRISTINE, *devenue vraie tout à coup.*

Ben, c'était déjà pas si mal ! Moi, si j'en avais dit la moitié !

On rit un peu dans la salle.

ADA *s'est avancée, froide.*

Ma petite Marie-Christine, cela suffit maintenant de faire l'idiote pour te rendre intéressante devant le

Tribunal ! Tu vas me faire le plaisir de répéter devant tout le monde, ce qu'*à moi,* tu m'as déjà dit.

MARIE-CHRISTINE, *le coude levé.*

Oui, maman !

ADA, *vexée.*

Et baisse ton coude ! Ma parole ! On dirait que tu veux faire croire que j'ai l'habitude de te gifler !

MARIE-CHRISTINE, *affolée.*

Oui, maman ! Non, maman !

ADA, *au Tribunal.*

Quels comédiens ces enfants ! Il est impossible de leur faire dire la vérité !

LA PRÉSIDENTE

Retournez à votre place, Madame, vous la troublez. Nous sommes déjà très amies toutes les deux, n'est-ce pas ma jolie ? Et je suis sûre, qu'elle va me répéter à moi, ce qu'elle vous a déjà dit... N'est-ce pas, ma petite chérie, avec ses grands beaux yeux de minette ? Sa mignonne petite bouche en cerise ?

Elles sont toutes trois penchées sur elle, attendries, gourmandes.

Ses bonnes petites joues toutes roses, comme des pêches, qu'on en mangerait !

LE SECOND ASSESSEUR, *gourmande.*

Son mignon petit derrière !

LA PRÉSIDENTE *la rappelle à l'ordre.*

Suzanne !

Elle se retourne vers Marie-Christine.

Allons, elle va nous le dire tout de suite, comme une bonne petite-fille, ce qu'elle pense de son papa...

MARIE-CHRISTINE *se met à réciter.*
Cela doit être un peu effrayant
comme une petite mécanique.
C'est la voix impersonnelle
d'un enfant à l'école.

Papa, comme tous les hommes, ne disait jamais la vérité. Quand il disait qu'il avait été au théâtre, il ne se rappelait jamais le sujet de la pièce le lendemain et il avait toujours oublié d'acheter le programme. Quand il disait qu'il allait à ses jeudis, à l'Académie, le soir, en rentrant dîner, il puait la poudre de riz et le parfum à bon marché...

Elle s'exclame, docile.

Ce n'était pourtant pas ses collègues qui...

Elle s'arrête et reprend.

Ce n'était pourtant pas ses collègues qui...

Elle s'arrête encore.

LÉON *lui souffle*

... qui se parfumaient ainsi comme des cocottes !

LA PRÉSIDENTE *bondit.*

Accusé ! On ne doit pas souffler ! Laissez parler le témoin.

LÉON

Je connais sa leçon par cœur.

Il lève un doigt comme à l'école, faisant l'enfant.

Je peux la dire à sa place, Madame ?

LA PRÉSIDENTE, *tapant sur la table.*

Accusé ! Si vous continuez à faire l'imbécile pour faire rire les autres, je vous fais sortir dans le couloir ! Ces débats se poursuivront hors de votre présence. Le cas est prévu à l'article 721 de procédure criminelle et on l'a déjà appliqué en France, vous le savez comme moi !

Elle se penche vers Marie-Christine.

Continuez mon enfant, ne vous laissez pas distraire par les plaisanteries de vos petits camarades. Ce que vous dites est très intéressant.

LEBELLUC *se lève, emphatique.*

Je demande la parole !

LA PRÉSIDENTE

Je ne vous la donne pas !

LEBELLUC *se rassoit aussitôt, minable.*

Bien, Madame la Présidente.

LÉON, *bas.*

Dégonflé ! Qu'est-ce que tu as peur qu'on te coupe encore ?

LA PRÉSIDENTE *leur crie.*

Silence ! Continuez mon enfant ; dites-nous votre sentiment.

MARIE-CHRISTINE *repart de sa voix aiguë.*

Ah ! vraiment, quelle horreur, les hommes !

Elle s'arrête. On sent qu'Ada a envie de lui souffler.

ADA, *inquiète, doucement.*

Hé bien, continue... Dis ce que tu penses des hommes...

LA PRÉSIDENTE *la fait taire amicalement.*

Tst ! Tst ! Tst !

Une attente encore, puis Marie-Christine repart.

MARIE-CHRISTINE

Ah ! vraiment, quelle horreur, les hommes !

Imperceptible arrêt, elle repart.

Ah ! vraiment, quelle horreur, les hommes ! Je ne suis qu'une petite fille, mais déjà... Je ne suis qu'une petite fille mais déjà, en voyant maman toujours pleurer dans son coin... J'en ai appris beaucoup, beaucoup trop pour mon âge !... dans son coin. En la voyant regretter sa jeunesse perdue, les mariages plus brillants qu'elle aurait pu faire, si elle n'avait pas eu le malheur de rencontrer mon père ; en la voyant, moi petite fille innocente, tordre ses jolis bras à sa toilette, devant la glace de la salle de bains... délaissée dans la fleur de l'âge... dans la fleur de l'âge... avec son visage encore sans rides — son corps encore...

Elle s'arrête.

... son corps encore...

ADA, *moitié pour lui souffler,*
moitié pour elle-même, douloureuse.

Beau !

MARIE-CHRISTINE

... son corps encore beau...

Elle répète, incertaine.

encore beau... son corps beau, encore beau... son corps beau...

Puis soudain elle croit avoir trouvé la suite et achève, un peu incertaine, tout de même.

son corbeau... honteux et confus
Jura mais un peu tard, qu'on ne l'y prendrait plus !

Hilarité dans la salle, Léon s'est dressé, ravi.

LÉON

Bravo, mon chéri ! Dix !

ADA *a bondi sur Marie-Christine le coude levé aussitôt.*

Petite idiote ! Sale petite idiote ! Tout cela pour essayer de faire rire son père ! Ils sont complices ! Je renonce à l'audition de cette enfant, Madame la Présidente ! Elle n'a qu'une idée, c'est de faire plaisir à son père ! Elle n'aime que lui. Elle m'a toujours haïe ! Déjà avec lui comme une petite poule, coquette, essayant de le séduire avec des mines !

Elle mime, méchante.

« Papa ! Mon cher petit papa ! Tu ne m'aiderais pas à faire ma rédaction ? Tu sais si bien, toi ! » Et l'autre imbécile toujours lâche, toujours faible : « Mais oui, ma cocotte ! Viens dans mon bureau ! » Et tant pis si c'est l'heure de l'article du *Figaro* ! Le cycliste n'a qu'à attendre et se plaindre à son syndicat. Tant pis s'il se fait renvoyer un jour par Monsieur d'Ormesson, nous plongeant tous dans la misère ! Je pourrai toujours faire des ménages, n'est-ce pas, pour faire vivre cet incapable ?

Elle est vipérine, soudain, dangereuse.

Madame la Présidente, je sais que ce que je vais

avancer est grave, très grave même, je ne suis pas sûre de la pureté des sentiments de mon mari envers cette enfant !

LA PRÉSIDENTE

Ce que vous avancez est en effet très grave. Le Tribunal vous demande de vous expliquer. Mais, auparavant, qu'on fasse sortir le jeune témoin.

Flipote va reconduire Marie-Christine et revenir dans le public.

LA PRÉSIDENTE

Le Tribunal vous écoute.

ADA *qui deviendra en parlant de plus en plus volubile.*

Il faut remonter un peu plus loin. Mon mari a toujours adoré sa sœur ! C'est bien simple, mon mari a toujours adoré les autres ! il adorait mes meilleures amies ; il adorait mes bonnes, il a même adoré sa concierge ! Pas l'actuelle qui est une vieille femme tordue, celle que nous avions avant, rue de la Pompe, qui était toute jeune. Une forte paysanne, fraîche sans doute — mais d'une vulgarité ! Mon mari, au lieu d'écrire son article du *Figaro,* passait son temps à la fenêtre des cabinets à la regarder laver la cour de l'immeuble à grande eau ! Il disait qu'elle était saine comme une jument ! Toujours sa mauvaise littérature ! C'était surtout sa croupe de jument qui l'enflammait. Car, c'est triste à dire, pour une honnête femme, Madame la Présidente, mais mon mari a toujours adoré les derrières ! Si vous l'aviez vu se promener sur les plages, l'air rêveur, ridicule, avec son short qui ne lui allait pas, son *Figaro* à la main ! Il prétendait qu'il lui fallait un peu d'exercice après le bain. En fait d'exercice, Madame la Présidente, il allait de derrière en derrière en faisant semblant de regarder la mer !

LA PRÉSIDENTE

Je crois que vous vous égarez un peu.

ADA

Oui, je sais. Je suis trop nerveuse ! Je suis devenue une pauvre malade. Cet homme m'a rendue folle !

LA PRÉSIDENTE

Vous vouliez nous parler de sa sœur.

ADA, *dont toute la volubilité revient.*

Sa sœur ! D'abord, était-ce vraiment sa sœur ? Ma belle-mère avait couché avec tout le monde !

LEBELLUC *se lève, indigné.*

Je demande la parole !

LA PRÉSIDENTE

Je ne vous la donne pas !

LEBELLUC *se rassoit.*

Bien !

ADA *poursuit.*

Sa mère ! Il faut vous dire qu'il avait eu une passion louche pour sa mère avant d'en avoir une pour sa sœur !

C'est un fait, Madame la Présidente, mon mari a eu des passions louches pour tout le monde, sauf pour moi ! Pour nos voisines. Pour toutes nos voisines ! quand nous habitions encore rue de la Pompe, et c'est pour ça que j'ai dû déménager — un immeuble de trente-deux locataires. Madame la Présidente ! Pour les femmes de tous ses collègues du *Figaro !* Si je faisais des révélations, Madame la Présidente, je ferais exploser la rédaction ! Je ne le fais pas, parce que je suis une bonne Française et que le *Figaro* reste un dernier rempart contre la subversion qui nous guette, mais je pourrais les faire, Madame la Présidente, et j'en connais qui riraient jaune au Rond-Point ! Et encore s'il s'était contenté des femmes qu'il connaissait ! Mais il avait des passions pour des inconnues, entrevues dans les rues... C'est bien simple, Madame la Présidente, à force de se retourner sur elles, il marchait pratiquement la tête à l'envers sur les trottoirs ! Combien de fois m'est-il revenu à la maison avec une énorme bosse au front ; il se cognait aux lampadaires ! Une fois il s'est fait renverser par une voiture en traversant. Il a prétendu que c'est parce qu'il lisait les petites annonces sur le journal, mais je le sais, moi, que c'est parce qu'il s'était retourné en marchant pour regarder le derrière d'une femme qui traversait dans l'autre sens ! Je l'ai soigné comme une sainte. En a-t-il seulement été reconnaissant ? Et le jour, où, lorsque nous descendions en automobile dans le Midi — avec toute sa famille sur la banquette arrière, Madame la Présidente ! — il nous a tous jetés contre un platane, sur la Nationale 7, parce qu'il avait regardé une seconde de trop la croupe d'une paysanne qui arrachait des pommes de terre dans un champ ! Pour une croupe tendue, Madame la Présidente, il aurait tué ses enfants, sans hésiter, ce monstre !

LA PRÉSIDENTE, *qui commence à être un peu agacée.*

Et sa sœur ?

ADA, *coupée dans son élan.*

Quoi « sa sœur » ?

LA PRÉSIDENTE

Vous vouliez nous parler de sa sœur.

ADA *repart aussitôt.*

Ah ! sa sœur ! Celle-là ! Elle avait toutes les qualités, sa sœur ! Sa chère, chère petite sœur ! Il la prenait dans ses bras quand elle arrivait ; il l'embrassait sur les deux joues, cela avait quelque chose de répugnant ! Une fois, encore jeune mariée, je les ai surpris tout nus, ensemble !

LA PRÉSIDENTE *sursaute.*

Tout nus ?

ADA

Tout nus ! A la piscine.

LA PRÉSIDENTE

Et ils n'avaient pas leurs maillots ?

ADA, *véhémente.*

Des petits maillots grands comme ça, Madame la Présidente ! Cette fille était d'une impudeur ! C'est elle, à l'époque, qui avait lancé la mode des bikinis. Elle était mannequin chez un grand couturier — soi-disant ! Car je me suis toujours demandé si elle ne fréquentait pas plutôt les maisons de rendez-vous ! Il lui frottait le dos, Madame la Présidente, avec une serviette rose !

LA PRÉSIDENTE

Elle avait peut-être eu froid ?

ADA

Pensez donc, Madame la Présidente, elle était toute rouge ! Et vous savez ce qu'ils ont fait, Madame la Présidente, dans leur gêne, quand ils se sont aperçus que j'étais là ?

LA PRÉSIDENTE

Non.

ADA

Ils ont voulu me faire partager leurs orgies ! Il m'a crié : « Tu veux que je te frotte aussi ? » Une jeune mariée ! Encore vierge, Madame la Présidente — ou presque !... C'est à partir de ce jour-là que j'ai commencé à me douter qu'il y avait quelque chose entre eux.

LA PRÉSIDENTE

Et cela a continué ?

ADA

Non, Dieu merci ! Elle s'est mariée peu après et son mari l'a emmenée en Indochine. Il a dû faire un beau cocu, celui-là ! Ils ne se sont plus revus. Mais ils s'écrivaient.

LA PRÉSIDENTE

Tout cela ne me paraît pas très concluant. Et pour la petite ?

ADA

Elle lui ressemble, Madame la Présidente ! C'est elle, en plus petit. Ce sont les mêmes manières de chatte, les mêmes agaceries, le même ron-ron ! C'est pourquoi leurs rapports trop tendres ne me paraissent pas normaux. J'avais couvé de tout mon amour de mère ce petit être et vous avez vu le résultat? Elle me hait... Il m'a volé mon œuf! Il en a cassé la coquille. Jusqu'où cela a-t-il été? Je l'ignore. Mais vous connaissez le proverbe « Qui casse un œuf, casse un bœuf! » Vous voyez ce que je veux dire?

LA PRÉSIDENTE, *perplexe.*

A peu près.

Elle consulte ses assesseurs et conclut.

Ce que vous avancez d'assez aléatoire ne paraît pas au Tribunal devoir être inclus dans le procès. Vous avez autre chose à déclarer avant que la Cour ne donne la parole à la défense?

ADA, *nette.*

Oui, Madame la Présidente. Mon mari est le type même du phallocrate sûr de lui et dominateur — comme disait le général de Gaulle qui s'y connaissait! Il m'a tout pris : ma virginité, ma belle jeunesse, mes illusions, ma dot — mes bonnes, les unes après les autres (sauf les laides) — mes meilleures amies de pension!

Son phallus orgueilleux a été comme une idole monstrueuse se nourrissant de sacrifices humains, pour se réduire d'ailleurs sur le tard, avec moi, à une toute petite idole ridicule, de dimensions minables, qui n'engageait guère à la dévotion. Il vient d'achever de me bafouer en faisant, sous mon propre toit, un enfant sénégalais à une fille à mon service. La coupe est pleine!

Au nom de la liberté et de la dignité de la femme française reconquises, au nom de toute la Résistance Féminine et de ses martyres, je réclame contre lui une juste et sévère application de la loi.

Elle se rassoit dignement dans un silence tragique.

LEBELLUC, *bas à Léon.*

Si le Tribunal la suit : c'est l'ablation !

LA PRÉSIDENTE

La parole est à la défense !

LEBELLUC *se lève, emphatique.*

Je serai bref !

LÉON *ricane et lui lance.*

Forcément !

LEBELLUC *lui lance un regard noir et poursuit.*

Pour répondre à l'appel de la partie adverse je tiens d'abord à rendre, dans cette enceinte de justice, un solennel hommage à la Résistance Féminine Française et à ses martyres, que la partie adverse, avec une légitime émotion, a invoquées...

Quelle était la situation de la femme avant la Révolution que nous venons de vivre, avant la divine surprise du 22 mars qui a fait basculer le pouvoir, à une majorité écrasante, entre vos mains, mesdames, et permis l'institution du matriarcat dans notre pays ? Profondément injuste et dégradante ! L'homme était tout, la femme n'était rien et qu'est-ce qu'elle voulait être, depuis des siècles ? Quelque chose ! Quelque chose ! Le terme est équivoque et il nous faut l'expliciter. Non pas certes : « une chose » ! Depuis des millénaires elle était une chose. Objet d'un marché dans les antiques civilisations et encore dans la civilisation islamique — pourtant, en tant d'autres domaines, et en particulier celui du pétrole, à la pointe du progrès : on achetait la femme ! Nous avons peine à réaliser l'horreur de ce mot !

Dans nos contrées occidentales, au contraire, et curieusement, depuis des siècles, avec l'institution de la dot, le pater familias payait son futur gendre pour s'en débarrasser — mais cela ne valait guère mieux sur le plan de la morale, convenez-en !

Il jouit de son effet et poursuit.

Que ce soit pour s'en assurer la possession ou pour s'en défaire, paradoxalement, la femme « coûtait ». Et cette ignoble, cette injuste, cette mensongère notion du « coût » de la femme allait se perpétuer à travers les temps jusqu'à nos jours, avec l'aide inconsciente de la victime. Les rapports du bourreau et de sa victime ont toujours été troubles, subtils et pleins d'ombre — de plus grands philosophes que moi, Monsieur Sartre, par exemple, l'ont dit.

Or, au plus profond de son être, depuis toujours, depuis la nuit des temps préhistoriques, la femme se révoltait contre cette notion contraire à sa dignité. Contrairement à tout ce qu'on a toujours cru, la femme ne voulait plus *coûter*. Mais l'homme sournois, hypocrite, sûr de lui et dominateur comme l'a rappelé justement la partie adverse, voulait, lui, que la femme coûte — coûte que coûte — si j'ose dire ! Pour mieux la dominer et la diminuer ! « Je ne veux pas ! Je ne veux pas ! » criait désespérément la femme angoissée qui sentait qu'on faisait d'elle une chose en la comblant. « Je ne veux pas de bijoux ! Je ne veux pas de robes ! Je ne veux pas de manteaux de vison ! Je ne veux pas de machine à laver la vaisselle électronique ! »

« — Si, disait l'homme ricanant, impitoyable,

brandissant son carnet de chèques comme le fouet d'un sadique. Tu auras tout ! Et tu seras ma chose ! »

Triste époque ! Heureusement révolue !

Que voyons-nous aujourd'hui où la lumière du féminisme triomphant baigne de sa joyeuse clarté notre douce France immortelle ? La justice, enfin ! qui relève sa pauvre tête courbée depuis des millénaires d'esclavage. Victoire ! La femme travaille ! La vieille malédiction d'Adam dont l'homme s'enorgueillissait tant, avec le service militaire : elle l'assume ! Elle gagne son pain à la sueur de son front. Elle fait son service militaire, elle aussi, en Israël, en Afrique, en Chine, et bientôt chez nous. Je sais que le législateur y pense et que cela fera partie du prochain train de réformes. Mais attention ! Rien n'est jamais parfait ! L'injustice persiste, mesdames de la Cour ! La contrepartie de la vieille malédiction d'Adam subsiste, non partagée ! L'homme n'accouche pas encore dans la douleur. Et devant cette injustice, notre conscience se révolte ! Mais je sais qu'on y pense en haut lieu, sous la vive impulsion de la Présidence de la République toujours attentive à l'évolution des mœurs — et que des commissions de sages, déjà constituées, se penchent en ce moment même sur le problème. Attendons, avec confiance, l'avenir de l'égalité absolue !

Je dois maintenant vous parler de mon client, mesdames de la Cour. Humble, modeste, cramponné dans un esprit un peu retardataire, je vous l'accorde volontiers, à l'accomplissement de la vieille malédiction d'Adam, il peinait sur son article du *Figaro*, tous les matins.

La route est longue de la première à la dernière ligne ! J'en appelle aux femmes de lettres — j'oserai dire illustres — que vous êtes !

La Cour minaude, flattée.

J'en appelle à la romancière troublante du *Minet Majuscule !* A l'auteur si perspicace et si courageux de ce livre qui a marqué un tournant décisif de nos mœurs *Comment faire vos petits anges vous-même* et enfin, à l'auteur plus grave, mais si justement apprécié dans les pays scandinaves, de cet ouvrage de sociologie qui aurait pu lui valoir le Prix Nobel *Étude de la juste répartition des hauts et des bas morceaux entre individus mâles et femelles dans les sociétés cannibales.* Une somme ! Une intuition fulgurante sur les origines du féminisme !

Les dames de la Cour gloussent comblées et faussement modestes.

LEBELLUC *poursuit.*

Toutes ici, vous avez peiné ! Toutes ici, vous avez accouché dans la douleur !

Elles se rembrunissent.

Je veux dire accouché de votre pensée ! Alors, soyons francs : est-ce que l'effort intellectuel intense qu'il vous a fallu à toutes, pour produire ces chefs-d'œuvre de la pensée, n'a pas, pendant le temps de la création, tout au moins, annihilé en vous toute autre force — je serai cru, puisqu'il le faut — toute pulsion sexuelle ? Allons donc !

On a beaucoup parlé du phallus de mon client. N'en a-t-on pas, à dessein, exagéré l'importance ?... N'oubliez pas qu'il écrivait une chronique quotidienne au *Figaro ;* croyez-vous qu'une vie de travail intellectuel intense, comme fut la sienne, ait été de nature à favoriser cet état d'excitation permanente qu'on a voulu insinuer, pour le perdre ?

Le phallus de mon client ! Je regrette que la force des choses n'ait pas permis de le joindre aux pièces à conviction, que je vois d'habitude, dans les prétoires, sur la table du greffier. Vous auriez pu vous rendre compte de visu, que le phallus de mon client qu'on a démesurément grossi, pour les besoins de la cause, n'était, à tout prendre, qu'un tout petit phallus ordinaire d'homme de lettres !

LÉON *se dresse, hors de lui.*

Je demande la parole !

LA PRÉSIDENTE

Je vous la refuse !

Léon se rassoit ulcéré ;

Lebelluc continue mais Léon se vengera à coups de pied sous la table.

LEBELLUC, *bonhomme soudain, détendu.*

Que les femmes soient un peu indulgentes envers ces grands enfants vantards que sont les hommes en général — et surtout les hommes de lettres ! Et je dirai — particulièrement des femmes de lettres comme vous, que leur profonde culture a mises à même de juger sainement, d'après les exemples de notre littérature, ce qu'en valait l'aune — si j'ose dire !

Prenons le cas de Stendhal, par exemple, l'immortel Stendhal de *L'amour* et de *La Chartreuse*. Qu'était ce pauvre Beyle, mesdames ? Un pauvre gros homme, bêlant, bavard, brillant certes, mais surtout dans l'escalier, il l'avoue lui-même ; timide, rabroué par les minettes de l'époque qui ne l'honoraient jamais d'un regard. Et Balzac, le géant Balzac ! La cafetière géante, oui ! Géant, le tas de papier noirci au cours de tant de nuits sublimes — et solitaires !... Mais c'est tout ! Son histoire avec Madame Hanska, lamentable ! Ne parlons pas de Lamartine, dont un homme d'esprit a pu dire, que, s'il avait été véritablement un homme, il se serait appelé Le Martin. Ni du pauvre Molière archi-cocu ; ni de Boileau, dont on sait qu'un jars glouton, comme il dormait, à deux ans, à moitié nu dans l'herbe, chez sa nourrice, s'était chargé de rendre à jamais platoniques les amours futures ! Ni de Montaigne qui nous avoue franchement avoir souvent déçu l'attente des dames et — comme on le dira plus tard de ce vantard d'Henri IV — que son second avait été tué en duel ! De Rousseau dont les plaisirs étaient plutôt — vous me comprenez ! — ceux d'un promeneur solitaire !...

Tout n'est que vantardise, mesdames, chez le mâle — chez le mâle de lettres particulièrement — impuissance congénitale déguisée, compensée par de très brillants exploits sur le papier.

Je plaide non coupable. Ces histoires de bonnes, je ne m'y intéresse pas : ragots de ménage ! Vous avez vu où nous a menés le soi-disant scandale de l'enfant illégitime ? Il était le fils du plus bel ébène, d'un livreur sénégalais de l'Épicerie Potin !

Mon client, dont la France a besoin, dont l'Académie française pour son dictionnaire et le *Figaro* pour son édition de Paris et son édition de province — ont besoin — n'a certes pas demandé, dans un élan de civisme comme moi, l'opération volontaire — mais c'est précisément peut-être, parce qu'il n'en avait pas besoin. Je n'insiste pas. Le Tribunal, dans sa sagesse, m'entendra.

Il se rassied.

LÉON *lui jette.*

Salaud !

LEBELLUC

Tais-toi, imbécile. Je te les ai sauvées !

Il lui montre le tribunal qui chuchote avec des sourires.

Regarde-les ! Elles nagent en pleine pommade.

LÉON

Et mon honneur ?

LEBELLUC *a un geste.*

Tu verras plus tard !

LA PRÉSIDENTE, *redevenue de marbre.*

Accusé, levez-vous. Avez-vous une dernière déclaration à faire comme la loi vous en donne le droit ?

LÉON, *résolu.*

Oui.

LA PRÉSIDENTE

La Cour vous écoute.

LÉON, *assez noble, assez vrai, mais comme toujours, un peu ridicule.*

J'avoue tout ! J'ai aimé la bonne.

Il ajoute.

J'ai aimé la bonne — parce qu'elle était bonne.

LA PRÉSIDENTE, *glaciale.*

Accusé ! La loi vous accorde une ultime déclaration, mais le Tribunal reste juge de ne pas l'admettre si elle offense la morale publique ! La proclamation de vos goûts ancillaires est superflue !

LÉON, *suave.*

Vous confondez, Madame la Présidente. J'ai aimé la bonne, parce qu'elle était bonne : au sens féminin du mot bon. Je précise : cette jeune bonne était une personne bonne.

Il continue, toujours suave.

Je n'ai pas eu autant de maîtresses que se l'est imaginé — et que vous l'a rapporté, avec son intarrissable babil, ma trop volubile femme — mais j'ai tout de même, comme beaucoup d'hommes mariés jeunes, connu en cachette quelques jeunes femmes. Cette planète est si peuplée !...

Rumeur dans la salle, inquiétude de Lebelluc.

J'en ai connu beaucoup avant la nouvelle loi — j'en ai connu aussi quelques-unes depuis la nouvelle loi.

Remous dans la salle, Lebelluc se penche sur lui.

LEBELLUC, *bas.*

Arrête malheureux ! Tu es fou ! Tu fiches ma plaidoirie par terre !

LÉON *continue tranquillement.*

Mon défenseur est en train de me dire que je lui fiche sa plaidoirie par terre. Mais justement, sa plaidoirie ne m'avait pas plu du tout. Je tiens à affirmer au Tribunal — si toutefois ce détail l'intéresse — que je ne suis nullement impuissant. Je suis très capable encore de quelques farces, si son verdict m'en laisse la possibilité.

Il ajoute un peu étrange, soudain.

Je dis « farces » parce que là où mon trop zélé défenseur a presque dit vrai, c'est que, comme beaucoup d'hommes de mon âge, je ne suis sans doute plus capable d'amour — je veux dire d'amour comme il est décrit dans les ouvrages littéraires. Mais j'ai rencontré une femme bonne et je me suis aperçu que c'était très doux.

Il ajoute.

Il y en a à qui la beauté fait faire, sur le tard, des bêtises — moi, c'est la gentillesse humaine, qui m'a pris au dépourvu. Je ne m'y attendais pas.

Il continue, plus cocasse.

Vous m'objecterez que j'étais peut-être plus ou moins cocu et que cet enfant, objet du délit, était en vérité celui de mon prédécesseur, le livreur sénégalais de l'épicerie Potin. Les jeunes filles sont insondables ! Mais le cœur de l'homme aussi, car je m'aperçois que cela n'enlève que peu de choses à ma reconnaissance envers la jeune maman de ce petit nègre — d'avoir été — aussi — bonne pour moi.

Il ajoute encore un peu solennel mais c'est plutôt drôle en définitive.

Quand j'étais petit, ma mère me disait toujours, quand l'épicière du village m'offrait un biscuit : « Dis merci à la dame ! » — C'est fait.

Il se rassoit.

LA PRÉSIDENTE

C'est tout ?

LÉON

Oui.

LA PRÉSIDENTE

Garde ! Reconduisez l'accusé. Et faites évacuer la salle. Le Tribunal va délibérer.

Ada s'est dressée. Elle lui crie :

ADA

Et à moi ? Est-ce que tu m'as jamais dit merci ?

La Ficelle emmène Léon.

Tout le monde sort, en commentant les événements. Restées seules, les trois femmes-juges se consultent du regard.

LA PRÉSIDENTE

Vous l'avez entendu ? Quelle horreur les hommes, comme disait cet adorable petit chou !

LA DEUXIÈME, *fondant.*

Un vrai petit chou farci ! Miam ! Miam ! Quand on pense qu'on les élève pour ces brutes !...

LA PRÉSIDENTE, *avec un reproche amical.*

Suzanne ! J'ai déjà dû vous rappeler à l'ordre pendant l'audience... Vous êtes restée trop passionnée, ma chérie !

Elle se rembrunit.

En tout cas nous en tenons un ! Et le cas de celui-là est clair !

LA TROISIÈME,
qu'on n'avait pas encore entendue,
a tiré un long fume-cigarette d'ivoire,
sur lequel elle adapte une cigarette,
elle laisse tomber, sinistre,
de sa grosse voix hommasse :

Nous allons lui faire passer le goût du pain !

LE NOIR SOUDAIN

Quand la lumière revient, la scène est dans l'état du début de la pièce. C'est la nuit. Léon dort, dans une position très inconfortable, attaché à son poteau de torture. Un moment de silence, puis la nouvelle bonne entre sur la pointe des pieds. Elle tient une bougie dont la flamme vacillante éclaire faiblement le tableau. Elle est en peignoir, pieds nus, avec des bigoudis pour la nuit.

Elle va à Léon endormi et lui touche doucement le bras.

LA NOUVELLE BONNE

Monsieur ! Monsieur !

LÉON *sursaute et s'écrie.*

Quoi, Monsieur ? Laissez-moi tranquille ! Je travaille !

Il se réveille et la voit.

Qu'est-ce que c'est ? Ah ! C'est vous, mon enfant ? C'est déjà l'heure de l'exécution ? L'ambulance est là ?

LA NOUVELLE BONNE

Non. C'est la pleine nuit. Monsieur, je voulais vous dire...

LÉON

Quoi, ma pauvre enfant ? Vous vous rappelez certainement la fin d'*Hamlet ?*

Il récite.

« Désormais, tout le reste est silence... »

LA NOUVELLE BONNE

Je voulais tout de même vous dire... Ce que vous avez dit de la jeune fille que vous aviez aimée, au procès. Ça m'a fait pleurer !

LÉON, *amer.*

Pas elles ! Vous l'avez vu ?

LA NOUVELLE BONNE, *bêlante, un peu idiote.*

Moi aussi je voudrais vivre un grand amour !

LÉON, *gentil.*

Comme vous y allez, mon enfant !

LA NOUVELLE BONNE, *plus réaliste soudain.*

Et d'abord, quand vous m'avez fait faire le bossu de la rue Quincampoix, j'aimais bien !

LÉON, *l'œil un peu allumé tout de même dans sa détresse.*

C'est vrai ?

LA NOUVELLE BONNE, *minaudante.*

Oui. C'est pour ça que je n'ai pas tellement crié quand vous m'avez touché le sein. Je l'avais bien compris, allez, que ce n'était pas les fourmis !

LÉON, *ému par ce détail.*

Comme elle est gentille !

Il soupire.

Mais tout ça c'est le passé, mon enfant !

LA NOUVELLE BONNE

Non, ma sœur habite un pavillon à Courbevoie, tout près de la Défense.

LÉON

Je ne vois pas le rapport ?

LA NOUVELLE BONNE

Elle a deux vieux vélos dans son garage. Le chien n'aboiera même pas, il me connaît. Si vous voulez que je vous détache, on peut quitter Paris par le premier métro interurbain ; elles ne surveillent pas les métros. A Courbevoie on se cache dans le garage de ma sœur jusqu'à la nuit et on file en vélo vers la Suisse.

LÉON, *incertain.*

C'est loin la Suisse ! On mangera comment ? Les auberges seront surveillées ! Il y a des comités de vigilance dans tous les villages... C'est comme ça que Louis XVI s'est fait prendre !

LA NOUVELLE BONNE

J'ai parlé avec La Ficelle. Il a peur lui aussi qu'on les lui coupe à cause du trou dans le mur, à la hauteur du lavabo. Flipote l'a menacé, il ne se sent pas tranquille. Il est prêt à venir avec nous. Il dit qu'il emportera des boîtes de conserve dans la vieille voiture d'enfant qui pourrit à la cave. Il a déjà chargé la voiture. Il attend votre réponse en bas.

LÉON, *soudain gaillard.*

Détache-moi ! Mon épée ! Ma cape ! Mon bicorne ! Tu es une petite cocotte en sucre ! La vie est belle ! On y va !

Elle lui détache les mains ; il rugit, les lui mettant aussitôt sur les fesses :

LÉON

Attends ! Une minute ! Il y avait trop longtemps !

LA NOUVELLE BONNE *minaude, consentante, tenant toujours sa bougie.*

La main aux fesses, je ne suis pas contre ; mais il faudra y mettre du sentiment !

LÉON, *lyrique, les mains sur ses fesses.*

Plein de sentiment ! C'est ça qu'elles n'ont jamais compris : que j'étais un sentimental ! *(Il s'exclame :)* Ô lunes ! Ô planètes ! Ô solstice ! Ô rotondités merveilleuses ! Absolu métaphysique de la sphère ! Et elles voudraient nous faire croire que Dieu ne les leur aurait données que pour s'asseoir ! Les impudiques ! Les impies ! Comme si Dieu avait des pensées aussi basses ! Ah, le sens du sacré se perd !

LA NOUVELLE BONNE, *éperdue.*

C'est pour ça qu'on a fait la Révolution ! La femme, elle veut être respectée maintenant !

LÉON, *lyrique.*

Je te respecte, ô femme éternelle, car tu me redonnes à moi-même ! J'errais perdu sans toi, un orphelin. Je te respecte à pleines mains ! Je t'écrirai des poèmes ! Je te chanterai en vers ! Je me remettrai à l'alexandrin comme Aragon pendant la guerre ! Je deviendrai Victor Hugo, moi aussi ! On me lira dans les chaumières ! Je serai profondément humain, j'irai au peuple ! Lui seul a le sens du réel ! *(Il gémit soudain :)* Ah, maman ! Maman ! Pourquoi ai-je quitté ton ventre ? Tu ne me l'avais pas dit qu'il faisait froid dehors ?

LA NOUVELLE BONNE, *effrayée.*

Criez pas comme ça, voyons ! Vous allez réveiller tout le monde ! *(Elle éternue :)* Atchoum ! Sans compter que c'est vrai qu'il ne fait pas chaud en chemise ! Il faut se grouiller ou je vais m'enrhumer.

LÉON, *sans la lâcher.*

Tu as raison, grouillons-nous. Nous reprendrons la suite de ce discours sur la Riviera vaudoise.

LA NOUVELLE BONNE, *soudain précise.*

Seulement vous savez comme ils sont, là-bas — je ne veux pas qu'on me regarde de travers chez les commerçants ! Si vous voulez qu'on se mette ensemble, il faudra dire qu'on est mariés !

LÉON

Comme tu voudras, mon amour ! Qu'est-ce que tu veux que cela me fasse à moi ; j'ai toujours été marié !

LA NOUVELLE BONNE, *de plus en plus précise.*

Et puis il faudra qu'on ait une bonne — parce que ça fait trop longtemps que je brique : j'en ai assez !

LÉON, *à qui cette idée ne déplaît pas.*

Une gentille petite Suissesse au pair... Pourquoi pas ?

LA NOUVELLE BONNE, *ferme.*

Non. Pas une gentille petite Suissesse au pair ! Moi je vous garantis que je la choisirai laide ; parce que je suis très jalouse !

LÉON, *décidé à passer sur tout.*

Ah, bon ! Bossue, si tu veux !

LA NOUVELLE BONNE, *soupçonneuse.*

Comme le bossu de la rue Quincampoix ?

LÉON, *débonnaire.*

Mais non, ma cocotte, que vas-tu imaginer déjà ? Une vraie bosse. Très vilaine. *(Il suggère :)* Souffle ta bougie maintenant et pose-la par terre. Nous faisons trop de psychologie. Cela va finir par lasser tout le monde.

LA NOUVELLE BONNE,
qui résiste encore, gentiment.

Oui. Mais votre *Figaro* il faudra bien le faire — hein ? — tous les matins, pour gagner l'argent du ménage ? Parce que sans ça, le guili-guili, ça ne sera même pas une fois par semaine ! Madame, ça va être moi maintennt !

LÉON, *un peu surpris.*

Ah, bon ? Mais nous verrons tous ces détails plus tard ! Allons au plus pressé ! Souffle ta bougie ma cocotte !

Il la souffle lui-même, on entend la voix de la petite, enregistrée, soupirer encore dans le noir :

« Et puis je veux avoir des casseroles en émail ! Ça a toujours été mon rêve !... »

Un grondement profond enregistré : c'est celui du lion de la Métro-Goldwin-Mayer ; puis Léon grogne d'une curieuse voix d'ogre enregistrée :

« Miam ! Miam ! Miam ! J'avais trop faim ! »

La lumière revient, aussi vite que possible. Vaste cyclorama. Effet nocturne. Ils pédalent dans la campagne tous deux sur un vieux tandem. Léon a un melon qui ne lui va pas et un curieux petit pardessus étriqué, d'où les basques de son habit d'académicien dépassent, insolites. La nouvelle bonne a un ensemble mini-jupe d'un extrême mauvais goût et un bibi invraisemblable. Derrière eux, coiffé d'une casquette des surplus américains, la Ficelle trottine poussant une vieille voiture d'enfant pleine de boîtes de conserve. Musique entraînante, il y a du vent. Ils pédalent un temps puis Léon se retourne sur son engin et crie à la petite :

LÉON

Tu as faim, ma colombe ?

LA NOUVELLE BONNE, *pédalant.*

Ça commence, mon pigeon !

LÉON

Plus que soixante-dix kilomètres avant la frontière ! A minuit pétant nous casserons la croûte. J'ai découvert dans le capharnaüm de ce bon La Ficelle, une petite boîte de caviar. Nous allons nous l'offrir pour fêter ça !

LA FICELLE *grommelle, trottant.*

J'aurais dû prendre du thon ! Ça tient mieux. Mais j'ai pas eu le temps de choisir. J'ai pris tout en vrac.

LA NOUVELLE BONNE *demande bonne fille, pédalant.*

Je l'ai vue aussi. Elle est toute petite. Il y en aura pour trois, tu crois ?

LÉON, *pédalant, léger.*

Non. Mais il y en aura pour deux. La Ficelle s'ouvrira une boîte de sardines à l'office. *(Il enchaîne, lyrique :)* En d'autres temps, ma colombe, ce petit souper pour fêter nos amours aurait eu lieu en cabinet particulier, avec des tziganes et aux chandelles ! Nous avons bien emporté quelques bougies dans le fourre-tout de ce bon La Ficelle. Mais il y a trop de vent par ici !

LA NOUVELLE BONNE, *bonne fille.*

T'en fais pas. Ça ira comme ça, mon pigeon ! Il y a la lune.

Ils pédalent encore, Léon se retourne vers La Ficelle et lui crie.

LÉON

Le peuple suit ?

LA FICELLE, *qui peine derrière.*

Oui ; mais pas trop vite. Le peuple commence à avoir mal aux pieds.

LÉON, *pédalant, allègre.*

Le peuple se plaint toujours ! C'est dans sa nature. L'équilibre de l'économie mondiale ne permet pas d'assurer la possession d'un vélo à chacun. Quatre milliards de vélos ! C'est de l'utopie pure. Aucune industrie n'y parviendrait. Il faut tout de même rester réalistes ! Le peuple a ses pieds.

LA FICELLE, *peinant, amer.*

Les élites aussi !

LÉON, *d'une entière mauvaise foi.*

Forcément, pour les pédales. Tu crois que ça marche tout seul, un vélo ? Nous aussi nous peinons et nous ne nous plaignons pas. Ne sois pas mesquin, mon ami.

Ils pédalent, La Ficelle constate amer.

LA FICELLE

On avait dit en partant qu'on était tous égaux !

LÉON, *d'une bonne foi écrasante.*

On est tous égaux ! Demande à Madame. Personne depuis 89 n'a songé à remettre le principe en cause.

LA FICELLE, *trottant, maussade.*

Oui mais moi je fais tout de même la vaisselle à l'étape et c'est moi qui pousse la voiture !

LÉON, *agacé.*

Cesse d'être mesquin je t'en prie ! Et tâche de t'évader un peu de tes rancœurs de classe qui ne sont plus de saison. Tu es un homme libre. Je suis un homme libre. Chacun à sa place, mais tous libres ! C'est ça la Démocratie. *(Il leur crie, héroïque :)* Allez, courage ! Il faut avoir passé la frontière cette nuit ; la liberté est de l'autre côté. En avant les enfants ! En danseuse ! Et vive la France ! La Suisse n'est plus loin !

Ils accélèrent le train. La Ficelle suit comme il peut derrière, il s'exclame désespéré :

LA FICELLE

Et le peuple ?

LÉON, *superbe, pédalant.*

Il suivra ! C'est solide les Français !

La musique attaque le Chant du Départ. Ils pédalent.

LE RIDEAU TOMBE

Il y avait une autre fin, qui était la suite des aventures picaresques de Léon avec la nouvelle bonne et La Ficelle. On a trouvé qu'elle était trop longue aux répétitions. Le lecteur curieux la trouvera en appendice.

APPENDICE

La nouvelle bonne vient de détacher Léon de son poteau de torture. Elle a un geste maladroit. La bougie tombe et s'éteint. On entend la petite s'exclamer dans le noir : « Merde! Ma bougie! »

La lumière revient, avare, c'est la campagne la nuit, c'est la fuite vers la frontière suisse. Léon est toujours en académicien ; son bicorne un peu de travers, sans doute par inadvertance, lui donne, drapé dans sa cape, un air de Bonaparte traversant le Gothard. Lui et la nouvelle bonne, coiffée d'un bibi invraisemblable, sont montés sur deux très vieux vélos. Ils pédalent.

Derrière eux La Ficelle trottine poussant une vieille voiture d'enfant remplie de boîtes de conserves.

LÉON, *pédalant vigoureusement jette par-dessus son épaule.*

Le peuple suit?

LA FICELLE, *trottant, épuisé.*

Oui, mais pas trop vite. Le peuple commence à avoir mal aux pieds.

LÉON, *pédalant.*

Le peuple se plaint toujours. C'est dans sa nature. L'équilibre de l'économie mondiale ne permet pas d'assurer la possession d'un vélo à chacun. Quatre milliards de vélos, c'est de l'utopie pure ! Aucune industrie n'y parviendrait. Il faut tout de même rester réalistes. Le peuple a ses pieds.

LA FICELLE, *peinant, amer.*

Les élites aussi !

LÉON, *de mauvaise foi.*

Forcément, pour les pédales. Tu crois que ça marche tout seul, un vélo ? Nous aussi nous peinons. Et nous ne nous plaignons pas. Ne discutons plus.

Ils pédalent, il demande à la petite.

Tu as faim, ma colombe ?

LA NOUVELLE BONNE *qui pédale, un peu lasse.*

Ça commence, mon pigeon !

LÉON *crie.*

La Ficelle ! Regarde dans tes provisions si tu n'as pas un petit quelque chose à grignoter pour Madame !

LA FICELLE, *trottant, maussade.*

On avait dit qu'on ne mangerait qu'une fois par jour. C'est encore loin la frontière et nous ne pouvons pas nous montrer dans les villages pour nous réapprovisionner.

LÉON *le foudroie du regard.*

Qui commande ? Madame a faim et je décide la pause-déjeuner.

LA FICELLE

Il est minuit et quart ! Nous ne nous déplaçons que la nuit.

LÉON, *qui s'arrête.*

Justement, je décide : déjeuner à minuit ; dîner à six heures du matin. Halte. Exécution. Prépare tout pendant que Madame et moi nous détendons un peu.

Ils descendent et se détendent pendant que La Ficelle maugréant, commence à sortir ses boîtes de conserves et ses bouteilles.

LA FICELLE

On avait dit qu'on était tous égaux !

LÉON, *d'une bonne foi écrasante.*

On est tous égaux ! Personne n'a songé depuis 89, à remettre le principe en cause. Mais il faut bien se répartir les tâches, comme dans toute société civilisée. Tu es chargé de l'intendance et moi du commandement et de la sécurité. Je suis le seul armé — en ma qualité d'académicien, je porte l'épée. L'armée comme toujours en temps de crise, a pris provisoirement le pouvoir. Nous démocratiserons tout cela, bien entendu, dès que nous aurons passé la frontière suisse. Prépare tout. Et que ce soit coquet ! Hier, tu avais oublié les napperons en papier. Je vais inspecter un peu les environs, pour voir si rien ne nous menace...

Il dégaine et s'éloigne dans la nuit, drapé dans sa cape.

LA FICELLE *grommelle, quand il est sorti.*

Des napperons en papier ! La réaction relève la tête. Mais je ne me laisserai pas toujours faire ! Ce qu'il oublie, c'est qu'on n'a pas encore passé la frontière et qu'il suffirait d'un mot au Comité de Vigilance du premier village, pendant qu'il est en train de dormir !

LA NOUVELLE BONNE

Tu serais bien avancé ! Comme complice, tu y passerais aussi !

LA FICELLE

Pas sûr ! Je dirai qu'il m'a pris en otage. Il est armé, pas moi — et le peuple ne ment jamais. Et j'aurais la prime en plus — c'est ça qu'il oublie !

LA NOUVELLE BONNE *hausse les épaules.*

Trois cents nouveaux francs ! Elles sont radins, les bonnes femmes au gouvernement. Et tu perdrais la sienne, couillon ! Il t'a promis les cent mille francs qu'il a dans la coiffe de son bicorne.

LA FICELLE, *sombre.*

Des anciens francs. Et il n'y a pas que l'argent — il y a la vengeance.

LA NOUVELLE BONNE

La vieille, je dis pas — mais lui, il ne t'a jamais mal parlé.

LA FICELLE

Non. Mais les patrons polis, c'est pire. Les vrais salauds c'est plus franc.

LA NOUVELLE BONNE

Alors, pourquoi tu l'as aidé à se sauver ?

LA FICELLE, *minable.*

Pour être libre, moi aussi. Tout seul, j'aurais jamais osé.

LA NOUVELLE BONNE

Alors ne te plains pas. D'autant plus que tu n'es pas tellement malheureux. J'ai été gentille avec toi.

LA FICELLE, *amer.*

Oui. Avec lui aussi.

LA NOUVELLE BONNE, *simplement.*

Un jour chacun. Seulement il faut faire très attention, parce qu'il a beau avoir eu des malheurs il est resté très susceptible, très à cheval — c'est un Monsieur. Il aimerait pas partager.

LA FICELLE, *amer.*

Un Monsieur ! Comme avant la Révolution ! Et s'il se met à vouloir tous les jours ?

LA NOUVELLE BONNE, *bonne fille.*

On s'arrangera. Mais ça n'arrivera pas. Il n'est plus très jeune et, dès qu'il sera un peu habitué, si ça se trouve, ça ne sera plus qu'une fois par semaine.

LA FICELLE, *sombre.*

Un jour, moi je lui casserai le morceau — et peut-être avant la frontière !

LA NOUVELLE BONNE

Je te défends ! J'aimerais pas lui faire de la peine. Au fond, je me suis déjà attachée ; il est un peu vieux, mais il se parfume au Vétiver, il sent bon et puis, il est tellement instruit ! Sans compter qu'on a besoin de lui, andouille ! En Suisse, si on réussit à passer, nous, ils ne nous laisseront jamais travailler ! Ils n'aiment que les touristes, là-bas — les travailleurs, ils s'en méfient énormément. Tandis que lui, il pourra toujours écrire ses articles pour le *Figaro*, en les envoyant par la poste.

LA FICELLE

Il a dit que maintenant qu'il était libre, il n'écrirait plus jamais dans le *Figaro*.

LA NOUVELLE BONNE, *énigmatique*.

T'occupe pas ! J'y veillerai. Tous les matins son article, ou le guili-guili ça ne sera même plus une fois par semaine ! Madame, c'est moi maintenant.

LÉON *est revenu, important,*
il remet son épée au fourreau.

Rien à signaler mes enfants ! Nous pouvons dîner tranquilles.

Il fronce le sourcil.

Et les napperons ?

LA FICELLE, *fuyant*.

Que Monsieur m'excuse. Je les avais oubliés.

Il les met, de mauvaise grâce, sur le couvert improvisé par terre sur une vieille couverture.

Voilà. C'est prêt.

LÉON *le regarde, sévère.*

La Ficelle, nous sommes à la campagne, c'est entendu et nous sommes des fugitifs. Mais j'entends tout de même qu'un certain protocole soit respecté. Tu n'es plus un simple frotteur à qui on peut passer certaines choses; tu es monté en grade dans la hiérarchie... Qu'est-ce qu'on dit, quand la table est prête?

LA FICELLE, *de mauvaise grâce.*

Madame est servie.

LÉON, *satisfait.*

Bien. A table, ma colombe!

LA NOUVELLE BONNE

Enfin! Je la crève mon pigeon!

Léon, au moment de s'accroupir, voit le couvert de La Ficelle tout près de lui.

LÉON

La Ficelle, je croyais qu'il était convenu que tu mettrais ton couvert à la cuisine?

LA FICELLE, *buté.*

C'est là, la cuisine. C'est tout petit ici.

LÉON

Déplace-la. Madame et moi pouvons avoir envie d'intimité.

La Ficelle ramasse son couvert et s'accroupit plus loin avec un regard noir.

LÉON

Ah! Nous allons faire un charmant petit souper, ma colombe! Voyons, qu'avons-nous au menu? Saucisson et haricots verts! Encore! Notre maître d'hôtel n'a décidément pas beaucoup d'imagination! Je crois me souvenir qu'il nous restait une petite boîte de caviar et une bouteille de champagne!

Il se lève, va vers la voiture d'enfant. La Ficelle se lève pour défendre ses provisions.

LA FICELLE

On avait dit qu'on gardait le champagne pour le jour où on aurait passé la frontière ! Cette bouteille-là, elle est sacrée !

LÉON, *l'écartant et fouillant dans la voiture.*

Superstition ! Là-bas nous pourrons en acheter tant que nous voudrons. Sapristi ! Où est-elle cette boîte de caviar que j'avais repérée, dans ce capharnaüm ?

LA FICELLE, *un peu honteux d'avoir emporté du caviar.*

Il aurait mieux valu du thon. Ça tient mieux. Mais j'ai tout pris en vrac, j'ai pas eu le temps de choisir...

LÉON, *qui a trouvé la boîte.*

Ah ! la voilà ! Diable ! Elle est trop petite. Il n'y en a que pour deux. Tu pourras t'ouvrir une petite boîte de thon, à la cuisine. C'est fête, aujourd'hui. Tu as ton ouvre-boîte, La Ficelle ?

LA FICELLE, *sournois.*

Donnez-la-moi. Je vais aller l'ouvrir.

LÉON *le regarde, méfiant.*

Non. Donne. Je l'ouvrirai moi-même. Une vieille tradition de famille veut, chez les Saint-Pé, que ce soit le maître de maison qui ouvre lui-même le caviar.

Il est revenu vers la fille.

Amusant, non ? Vieille famille aristocratique, vieux usages. En d'autres temps, ma colombe, ce petit souper pour fêter nos amours, aurait eu lieu en cabinet particulier, aux chandelles... Nous avons bien emporté quelques bougies dans le fourre-tout de ce bon La Ficelle — mais il y a trop de vent, ici !

LA NOUVELLE BONNE

T'en fais pas, mon pigeon ! Ça ira comme ça. Il y a la lune.

LÉON, *s'installant.*

Tout de même... Tout de même... J'ai de vieilles traditions de galanterie, dont je ne suis pas près de me défaire, malgré la dureté des temps. J'aurais même commandé des musiciens et le chef des tziganes serait venu jouer langoureusement au-dessus de toi, à notre table, un de ces airs troublants qui font penser à l'amour proche, sur le divan du cabinet particulier — après la poire Belle Hélène... Ah ! Nous savions traiter les femmes, nous !

Il a soudain une idée, il appelle.

La Ficelle ?

LA FICELLE, *qui bouffait son saucisson morne, dans son coin.*

Oui ?

LÉON

Oui, Monsieur !

LA FICELLE, *de mauvaise grâce.*

Oui, Monsieur.

LÉON

Je crois me souvenir que je t'ai surpris plusieurs

fois, le soir, dans la cour des communs de la villa du Boulevard Beauséjour, jouant de l'ocarina ?

LA FICELLE, *qui ne se doute de rien.*

Oh ! C'est un souvenir du temps où j'étais militaire, chef !

LÉON

Tu as emporté ton instrument ?

LA FICELLE, *épanoui.*

Toujours dans ma poche depuis mon temps de service à Thionville, chef !

Il s'inquiète un peu, soudain, et demande.

Pourquoi ?

LÉON, *picorant le caviar et donnant la becquée à la petite, négligemment.*

Tu vas nous jouer un petit quelque chose, pendant que nous mangeons cet excellent caviar !

LA FICELLE, *s'étranglant avec sa bouchée de saucisson.*

Moi ?

LÉON

Mais oui, toi ! Qui veux-tu qui joue d'autre ? Madame et moi nous ne pouvons pas jouer la bouche pleine ?

LA FICELLE, *étranglé de fureur.*

Mais il y a longtemps que ça ne se fait plus, ces trucs-là ! Et la Révolution alors ?

LÉON, *négligent.*

Si tu veux tu nous joueras un air révolutionnaire. D'ailleurs ce n'est pas tout à fait la Révolution. C'est l'Émigration.

LA FICELLE, *anéanti.*

Ah ! ça, alors ! Mais on avait dit en partant qu'on était tous égaux !

LÉON

Ne répète pas tout le temps la même chose. C'est lassant. Joue. C'est un ordre !

LA FICELLE

Ah ! ça, alors ! Si je me serais douté !

LÉON

Tu ne te doutes jamais de rien, mon pauvre ami, tu le sais bien. C'est à ma sagacité et à ma sagacité seule, que nous devons d'avoir échappé jusqu'ici aux patrouilles. Fais confiance à tes chefs ! Ils savent ce qu'ils font. Ne te fais plus prier. Joue !

LA FICELLE, *vaincu.*

Ah ! ça, alors !...

Il commence à jouer tout de même, subjugué.

LÉON, *galant, revenant au reste de caviar et à la petite.*

Je regrette seulement que ces toasts ne soient pas légèrement grillés, ma colombe !

LA NOUVELLE BONNE

Ça va comme ça, mon pigeon.

Elle s'exclame.

Merde, c'est bon le caviar ! J'aurais pas cru. Ça a un peu le même goût que la sardine !

LÉON, *ravi de ce détail.*

Elle est charmante ! Et tellement inattendue !

Il appelle.

La Ficelle !

Il répète, agacé.

La Ficelle !

LA FICELLE, *s'arrêtant de jouer.*

Oui ! Je ne peux pas répondre et jouer en même temps !

LÉON, *badin, penché en arrière.*

Tu ne trouves pas que Madame est charmante ?

LA FICELLE, *sombre.*

Si !

LÉON, *qui caresse la petite.*

Tu as bon goût, mon ami ! Tu peux continuer à jouer...

LA FICELLE,
accablé par cette nouvelle insolence.

Ah ! merde ! Si je me serais douté !

LÉON

Et ne dis pas tout le temps, merde. C'est lassant. Accepte ta condition, comme j'accepte la mienne. L'équilibre du monde est à ce prix. Et joue de bon cœur — avec toute la gaieté populaire de notre bon vieux pays !

La Ficelle recommence à jouer de mauvaise grâce, un air populaire gaillard, genre bourrée.

LÉON *reprend langoureusement étendu et tripotant la fille.*

Moments divins ! Miam, miam ! le caviar ! C'est dommage que ce soit si cher et qu'il y en ait toujours si peu !

Il grappille les petits grains qui restent, alangui.

Tu vois, ma colombe, le raffinement du luxe, avec quelque chose de voluptueux en plus, est indispensable à mon équilibre. On ne se refait pas ! Il faut s'accepter tel qu'on est !

Il la caresse.

Ah ! Tu es ronde et chaude comme une vraie petite pêche ! Tu seras mon dessert ! Ma petite pêche Melba !

LA NOUVELLE BONNE, *un peu inquiète.*

Vas-y tout de même un peu mou, mon pigeon. Il nous regarde. Il pourrait être jaloux.

LÉON

De quel droit ? Je te possède par droit de conquête. Je t'ai honorée de ma couche. Une distance infinie te sépare de lui maintenant.

LA NOUVELLE BONNE

Ben... Il n'y a tout de même que trois mètres.

LÉON *s'esclaffe.*

Ah ! Dieu qu'elle est drôle !

Il appelle.

La Ficelle !

L'autre joue toujours, il appelle plus fort.

La Ficelle !

LA FICELLE *s'arrête de jouer.*

Quoi, encore ?

LÉON

Madame est très drôle !

LA FICELLE, *ulcéré.*

Et c'est pour me dire ça, que vous m'avez arrêté ?

LÉON,
qui s'affaire sur la bouteille de champagne.

Je t'ai interrompu parce que tu ne jouais pas de bon cœur. Tu n'arrives pas à te défaire de tes rancœurs de classe, mon garçon ! Je me demande bien pourquoi, puisqu'il n'y a plus de classes. Nous sommes tous sur le même bateau, avec cette civilisation qui glisse vertigineusement vers la pollution et la destruction atomique. Allons, approche-toi un peu. Nous allons t'offrir un verre de champagne !

Il fait sauter le bouchon et s'exclame.

Boum ! Encore une que les socialistes n'auront pas ! A nos amours, ma colombe !

LA NOUVELLE BONNE, *levant son verre.*

A nos amours, mon pigeon !

Elle ajoute, bonne fille.

Et aussi aux amours de La Ficelle ! Il faut qu'il y en ait pour tout le monde !

LÉON, *amusé.*

C'est cela ! Aux amours de ce bon La Ficelle !

Il demande, égrillard.

Alors, tu ne crains plus pour elles, mon garçon ? La frontière approche. Tu n'as plus peur qu'on te les ratisse ? Tu es un homme libre, enfin !

Il demande, paternel.

Dis-moi, la continence ne te pèse pas trop ?

LA FICELLE, *sournois.*

Ça va encore !

LÉON

Mais, passé la frontière, tu vas leur montrer de quoi tu es capable, aux Suissesses, hein, mon gaillard ? Tu sais qu'elles sont très mignonnes, les Vaudoises ? Miam ! Miam ! Miam ! Et bonnes filles — ce qui est rare ! Moi, je l'ai toujours dit à qui voulait l'entendre, le bonheur : c'est deux fesses de Vaudoises — avec vue sur le Léman ! A tes amours !

LA NOUVELLE BONNE, *levant son verre.*

A nos amours !

LÉON

A nos amours !

Il boit.

Ah ! ça fait du bien. Il y avait longtemps qu'on n'avait pas eu le droit de crier ça !

Il redevient grave soudain.

La liberté ! C'est une chose grave, La Ficelle, la liberté ! Une chose sacrée ! En ce moment, c'est pour la liberté que nous sommes en train de risquer, fraternellement, notre peau, tous les deux !

Il lève son verre et clame.

Vive la liberté !

LA FICELLE, *un peu aigre.*

Oui, mais moi, je fais tout de même la vaisselle — et je pousse la voiture !

LÉON, *lassé.*

Ne sois pas mesquin toujours ! Chacun à sa place, mais tous libres ! Je suis un homme libre. Tu es un homme libre. C'est ça la démocratie ! Voilà ! Tu peux retourner à ta cuisine, maintenant. On te rappellera pour débarrasser. Encore une goutte ?

LA FICELLE, *tordu de haine.*

Non. J'ai plus soif !

Il jette le reste de son verre par terre et s'en va, sombre, vers son coin cuisine.

LÉON, *surpris et peiné.*

C'est curieux. Je ne sais pas ce qu'il a en ce moment. Il prend tout mal.

LA NOUVELLE BONNE

Tu vois, mon pigeon, je trouve que tu devrais être plus gentil avec lui !

LÉON, *de bonne foi.*

Mais je suis très gentil. Je l'ai invité à venir boire un verre avec nous à la salle à manger !

LA NOUVELLE BONNE

Tu devrais faire attention à ne pas le vexer. Une supposition qu'il se braque et qu'un jour, pendant que tu es en train de dormir, il aille tout dire au Comité de Vigilance du premier village ?

LÉON, *indigné.*

Il ferait ça ? Un homme que je nourris depuis dix ans ?

LA NOUVELLE BONNE

Tu sais, la nourriture, on la digère, ça devient des crottes et après on n'y pense plus. Tandis que la vexation, on la garde sur l'estomac. Moi aussi, il faut que tu prennes l'habitude de me traiter comme une dame, si on se met ensemble. La main aux fesses, je ne suis pas contre, mais avec des raffinements !

LÉON, *tombant de haut, de bonne foi.*

Je t'ai invitée en cabinet particulier ! Je t'ai offert du caviar, du champagne, des musiciens !

LA NOUVELLE BONNE

Oui, mais c'est pas tout. La femme, elle veut être respectée maintenant.

LÉON, *badinant.*

Mais je te respecte, ma grosse pêche ! Je ne fais que te respecter, depuis hier après-midi ! Viens contre moi que je te respecte de plus près !

LA NOUVELLE BONNE,
s'écartant, soudain ferme.

Pas toujours de près. Je veux que tu me respectes aussi de loin.

LÉON, *découragé.*

Qu'est-ce que tu vas chercher là ? Quelle est cette invention saugrenue ? Tu as dû lire ça quelque part, toi !

LA NOUVELLE BONNE

Sur deux fauteuils, comme un monsieur et une dame, de chaque côté de la cheminée — et que tu me fasses la conversation !

LÉON, *atterré, a un grand cri du cœur.*

Mais on s'ennuiera à crever !

LA NOUVELLE BONNE, *blessée.*

Tu vois ! Tu me trouves bête ! Il n'y a que les sens qui comptent pour toi.

LÉON

Mais pas du tout ! Pas du tout ! Je passe mon temps à prendre La Ficelle à témoin, que tu es la fille la plus drôle de la terre !

LA NOUVELLE BONNE

Justement. C'est drôle, les idiotes, ça fait rire. Arrivés en Suisse il faudra que tu aies des égards, si tu veux que ça aille bien entre nous. J'en ai assez d'être culbutée comme une petite bonne à qui on ne laisse même pas le temps de poser son balai !

LÉON, *riant.*

Voilà qu'elle me fait des complexes, cette enfant ! Quel balai ? Où as-tu été chercher un balai ? Nous n'avons même pas emporté de balai !

Et d'abord, il faudra dire qu'on est mariés là-bas. Moi je ne veux pas qu'on me regarde de travers !

LÉON *a un geste.*

Comme tu voudras ! Qu'est-ce que tu veux que cela me fasse ? Moi, j'ai toujours été marié !

LA NOUVELLE BONNE, *nette.*

Et puis je veux avoir une bonne.

LÉON, *à qui cela ne déplaît pas soudain.*

Pourquoi pas, mon lapin ?

LA NOUVELLE BONNE, *catégorique.*

Mais je te garantis que moi, je la choisirai laide !

LÉON *prêt à tout pour avoir la paix.*

Bossue, si tu veux ! Viens, mon amour !

LA NOUVELLE BONNE, *résistant.*

Non. Pas tout de suite. Avant j'ai quelque chose à te lire. Quelque chose qui était dans *Marie-Claire.* Ça m'a tellement plu que j'ai découpé l'article. Ce sont les « Maximes du Bon Mari ».

Elle fouille dans son sac.

LÉON, *découragé.*

Tu crois que c'est bien le moment de lire des magazines, tête contre tête ? La Ficelle n'a pas encore fait la vaisselle et nous avons près de deux cents kilomètres à faire d'ici la frontière.

LA NOUVELLE BONNE

Tu as toujours le temps quand c'est pour faire des cochonneries ! Écoute plutôt, si tu veux que je sois gentille.

LÉON, *résigné.*

Bon.

Elle a tiré une vieille feuille de magazine déchirée, de son sac et commence à lire :

LA NOUVELLE BONNE

C'est en vers, tu verras, mais ça dit bien ce que va veut dire.

« PREMIÈRE MAXIME »

« Celui qu'un lien honnête
Fait entrer au lit d'autrui
Doit se mettre dans la tête
Malgré le train d'aujourd'hui »
« Que celle qui le prend ne le prend que pour elle »

LÉON *s'esclaffe.*

Ça ne rime pas ! Et c'est de Molière ! Il ne faut pas me la faire à moi ! C'est copié ! Et mal copié !

LA NOUVELLE BONNE

C'est peut-être de celui que tu dis, mais c'est dans *Marie-Claire*. Et dans *Marie-Claire* elles comprennent les femmes, elles ! Elles disent que les jeunes mariées elles doivent le faire apprendre par cœur à leur mari. Par cœur ! Alors, répète avec moi si tu veux être mon petit mari !

LÉON, *amusé.*

Elle est trop drôle ! Que ne me fait-elle pas faire ? Enfin la campagne est déserte et c'est entre nous. Allons-y !

Il répète avec elle.

« Celui qu'un lien honnête
Fait entrer au lit d'autrui
Doit se mettre dans la tête
Malgré le train d'aujourd'hui »
« Que celle qui le prend ne le prend que pour elle. »

Il s'esclaffe encore.

Ça ne rime toujours pas ! Et chez Molière ça rimait !

LA NOUVELLE BONNE, *froide.*

Je m'en fous. « Deuxième maxime. » Écoute bien et redis après moi :

« Il ne peut batifoler
Qu'autant que peut le désirer
La femme qui le possède.
La comptabilité des coups de son mari
« C'est Madame qui y procède »
« Tous les coups ne sont pas permis ! »

LÉON *s'esclaffe.*

Oh ! que c'est plat ! Oh ! que c'est plat ! Et la moitié des vers sont boiteux !

Il se jette sur elle, dans l'enthousiasme.

Mais tu es un petit trognon trop mignon ! Viens batifoler ! comme ils disent si joliment dans *Marie-Claire !* Je ne peux pas attendre l'étape !

Il appelle, frappant dans ses mains.

La Ficelle !

LA FICELLE, *qui les surveillait de loin, aboie, furieux.*

Quoi encore ?

LÉON

Nous allons partir. Va faire immédiatement la vaisselle. Il y a un ruisseau trente mètres plus bas. Je l'ai repéré tout à l'heure au cours de ma reconnaissance. Direction sud, sud-est. Exécution !

LA FICELLE

Je peux pas.

LÉON

Pourquoi ?

LA FICELLE

J'ai peur dans le noir.

LÉON

A ton âge ? Tu ne veux tout de même pas que je t'accompagne l'épée à la main ? J'ai fait ma ronde. La campagne est déserte.

LA FICELLE

Justement. C'est ça qui me fait peur, qu'il n'y ait personne. Il me semble toujours qu'il y a quelqu'un.

LÉON, *sévère.*

La Ficelle ! J'entends rester seul un moment avec Madame. Et c'est urgent ! Tu m'as compris ? Et je te donne l'ordre d'aller jusqu'à ce petit ruisseau faire la vaisselle.

LA FICELLE, *buté.*

Non.

LÉON, *dégainant, soudain terrible.*

Cas de rébellion en présence de l'ennemi. Le règlement d'une armée en campagne est formel ! Il donne à un gradé le droit de t'abattre comme un chien ! Tu as été soldat, tu ne l'as pas oublié ?

LA FICELLE, *effrayé.*

C'est qu'il le ferait, ce salaud !

Il ramasse rapidement ses plats et s'enfonce dans la nuit.

LÉON *se jette sur la petite.*

Enfin seuls, mon amour ! Allez, viens vite ma colombe ! On roucoule, on roucoule, on perd du temps ! Perdons-nous dans l'herbe proche !

LA NOUVELLE BONNE

Pas si vite ! Dis-moi que tu me désires depuis très longtemps.

LÉON, *pressé.*

Depuis cet après-midi ! Viens vite !

LA NOUVELLE BONNE

Ce n'est pas assez. Dis-moi quelque chose de troublant !

LÉON, *ennuyé.*

Mais qu'est-ce que tu veux que je te dise de troublant, saperlote ? Tu es drôle ! Je ne sais pas, moi !

LA NOUVELLE BONNE

Invente, si tu m'aimes ! Tu ne trouves que des cochonneries à me dire.

Elle s'écrie, hors d'elle.

Enfin quoi, j'ai pas que des fesses, j'ai une âme moi aussi merde !

LÉON, *accablé.*

Allons bon ! La voilà, celle-là ! Il y avait longtemps ! Mais qu'est-ce que tu veux que je lui dise à ton âme, mon petit lapin ?

LA NOUVELLE BONNE

Quelque chose qui me fasse venir les larmes aux yeux, comme ce que tu as dit de l'autre, l'autre jour, au procès. Parce que l'autre, tu l'aimais, hein ? Tu as tout risqué pour leur crier à tous, que tu l'avais aimée ! Tandis que moi !

Elle commence à pleurnicher comme une idiote.

J'ai tout laissé pour toi, ma place, mes copines, les drugstores, les cinémas — j'ai fui avec toi sur les routes comme une mendiante ; je te sacrifie ma jeunesse et voilà comment tu me récompenses ! Tu as beau chercher, tu ne trouves même pas un mot gentil à me dire ! Il n'y a que la chose ! Il n'y a que la chose qui compte pour toi ! Tu es un vieux cochon, voilà tout ! Tu vois, je la comprends maintenant, ta femme ! Ah ! ce que je suis malheureuse !

Elle se met à sangloter bruyamment, accroupie par terre, ridicule, embarrassante.

LÉON *constate, furieux.*

Ça y est ! Les larmes ! Il fallait y arriver. On n'y coupe jamais. On a beau s'y prendre n'importe comment : l'amour, ça mouille !

Il cherche nerveusement un mouchoir dans ses poches, grommelant :

Et dans ma précipitation, je n'ai même pas emporté de mouchoir. Quelle folie ! C'est indispensable, pour une idylle !

LA FICELLE *surgit soudain de l'ombre, paniqué.*

Vingt-deux, chef ! Il y a deux flics sur la route ! Deux gonzesses en uniforme. Elles viennent vers nous. Elles sont à moins de trente mètres en vélo !

LÉON, *redevenu un chef.*

Les bicyclettes dans le fossé ! Poussez les boîtes de conserve qui restent et la voiture dans les coulisses. A plat ventre. Reptation individuelle. Direction le gros buisson quarante-cinq degrés votre droite. Exécution !

Entre un buisson. Ils se mettent à ramper jusqu'à lui et se dissimulent derrière. Un instant de silence et de nuit absolue. Puis deux lueurs vacillantes.

Ce sont deux contractuelles en uniforme aubergine, armées de mitraillettes, qui arrivent en vélo. Elles arrêtent leur engin, descendent et commencent à inspecter la campagne à la lueur de leurs torches électriques.

Les autres sont tapis derrière le buisson. Le jeu des torches électriques se poursuivra pendant toute la scène.

La Ficelle commence bas, peut-être est-ce un murmure enregistré à côté ou dit dans un micro dissimulé dans le buisson, qui résonne étrangement dans le théâtre.

LA FICELLE

Écoutez-moi bien, chef. Vous m'entendez ?

LÉON

Oui. Pas trop haut.

LA FICELLE

Moi, tout ce que je risque, c'est des emmerdements. Je dirai que vous m'avez pris comme otage et emmené de force. Vous êtes armé et pas moi. Vous me suivez ?

LÉON

Oui.

LA FICELLE

Alors, filez-moi votre épée !

LÉON

Tu veux attaquer ? Tu es fou ! Elles ont des mitraillettes.

LA FICELLE

Je ne veux pas attaquer. Mais quand elles seront parties, je veux que ce soit moi qui aie l'épée. Pour vous ôter l'envie de m'emmerder avec. C'est vu ? Filez-la-moi, ou j'appelle.

LÉON *demande, bas.*

C'est une révolte ?

LA FICELLE

Non. C'est une révolution. Le peuple reprend la place qui lui est due, vu son nombre : la première. Alors, c'est d'accord ou c'est pas d'accord ? Moi, si c'est pas d'accord, c'est tout simple, je fais « Hou ! Hou ! » aux gonzesses. Je ne risque presque rien. Il y a même une prime.

LÉON *murmure.*

C'est ignoble ce que tu fais ! Tu sais que cela s'appelle du chantage ?

LA FICELLE

Je m'en fous. C'est peut-être ignoble, mais c'est comme ça. Il faut voir les choses en face, le vent de l'histoire a tourné. Le peuple attend la réponse des notables. Il va compter jusqu'à dix, le peuple. Et à dix, il gueule. J'ajoute : la petite, c'est à moi qu'elle sera dorénavant !

LÉON, *ulcéré.*

Tu ferais ça, toi, mon féal ?

LA FICELLE

C'est déjà fait. Vous ne le saviez pas, mais depuis Dijon on partage, tous les deux.

Il ajoute, bon prince.

Comme je suis plutôt bon gars et que vous étiez le premier, je vous la refilerai une fois par semaine. Seulement il faudra filer doux et bien faire votre *Figaro* tous les matins. Parce que les poteaux de torture, ils n'ont pas été inventés pour les chiens !

LÉON

Le peuple était contre.

LA FICELLE

Plus quand c'est lui qui s'en sert. Maintenant je compte.

Il commence à compter lentement.

Un. Deux. Trois. Quatre. Cinq. Six...

LÉON

J'accepte.

Il lui passe son épée.

LA FICELLE

Votre parole d'honneur !

LÉON, *tentant d'être ironique.*

Tu y crois, toi, à l'honneur ? Première nouvelle !

LA FICELLE

Non. Mais vous, vous y croyez. Et il faut bien qu'il nous serve à quelque chose, à nous aussi, l'honneur ! Alors, j'appelle ou j'appelle pas ? J'attends votre parole.

LÉON, *vaincu.*

Ma parole d'honneur. Tu l'as.

LA FICELLE

Je vous crois. Je sais que vous êtes assez con pour la tenir ! Le contrat est signé. Je la ferme.

LÉON *demande dans un souffle, lamentable.*

Tu as bien dit une fois par semaine ?

Un temps d'attente encore, puis les deux contractuelles qui n'ont décidément rien vu, remontent sur leurs vélos et s'éloignent.

LA FICELLE *se dresse le premier.*

Évanouies, les mignonnes ! L'alerte est passée ! Allez, debout ! On repart ! Les vélos ! La voiture !

Léon et la petite vont chercher les vélos. La Ficelle a récupéré la voiture.

Au moment où Léon va monter sur la selle, il l'arrête :

LA FICELLE

Non. Si ça vous fait rien : moi ! Vous, vous pousserez la voiture aux conserves. Votre bicorne !

LÉON

Pourquoi ?

LA FICELLE

C'est moi le chef, maintenant.

Ils échangent leurs coiffures. Léon est ridicule avec la casquette des surplus américains de La Ficelle.

LÉON, *amer.*

On aura tout vu. Un primaire !

LA FICELLE

C'est la révolution. Tous ceux qui auront leur certificat, maintenant, ils seront de l'Académie française !

Il ajoute, sérieux comme un pape :

Les autres, on verra ! Allez ! On y va ! En avant marche !

Ils sont repartis dans la nouvelle formation. La Ficelle et la petite pédalent un moment en silence, Léon trottant derrière ; puis la petite demande :

LA NOUVELLE BONNE

Il y a combien d'ici la frontière ?

LA FICELLE, *pédalant en danseuse.*

Cent soixante-douze bornes. Mais on va accélérer le train. Ça le fera trotter derrière !

LA NOUVELLE BONNE, *pédalant plus vite en danseuse aussi.*

Il paraît qu'il y a de tout dans les boutiques, là-bas, comme avant la révolution ! Qu'est-ce que je vais m'envoyer comme chocolat ! Et comme pulls en vrai cachemire !

LA FICELLE, *prudent.*

Tu sais, ils donnent rien, les Suisses ! Tout ça coûte !

LA NOUVELLE BONNE

T'en fais pas ! C'est le *Figaro* qui paiera ! On fait la course ?

Ils se penchent comme des coureurs et se mettent à pédaler très vite. Léon a dû accélérer le train. La Ficelle se retourne et lui crie :

LA FICELLE

Les élites suivent ?

LÉON, *courant, très digne.*

Oui.

LA FICELLE

Monsieur n'a pas trop mal aux pieds ?

LÉON, *digne*

Monsieur n'a pas l'habitude de se plaindre.

LA FICELLE, *écœuré, à la bonne.*

Ah ! la vache ! Tu vas voir qu'il va trouver le moyen de nous faire le coup de la dignité pour nous écraser tout de même, le salaud ! Tu vois, le peuple, il a beau s'emparer des pédales — en fin de compte, il est toujours baisé !

Ils pédalent encore un moment, assombris tous les deux par cette idée déprimante, pendant que la lumière baisse jusqu'au noir, Léon courant aussi vite qu'il peut derrière, ridicule, mais toujours digne.

COLLECTION FOLIO

Dernières parutions

1501. Claude Roy — *Les Quatre Fils Aymon ou Renaud de Montauban.*
1502. Jean-Patrick Manchette — *Fatale.*
1503. Gabriel Matzneff — *Ivre du vin perdu.*
1504. Colette Audry — *Derrière la baignoire.*
1505. Katherine Mansfield — *Journal.*
1506. Anna Langfus — *Le sel et le soufre.*
1507. Sempé — *Les musiciens.*
1508. James Jones — *Ce plus grand amour.*
1509. Charles-Louis Philippe — *La mère et l'enfant. Le Père Perdrix.*
1510. Jean Anouilh — *Chers Zoiseaux.*
1511. Robert Louis Stevenson — *Dans les mers du Sud.*
1512. Pa Kin — *Nuit glacée.*
1513. Leonardo Sciascia — *Le Conseil d'Egypte.*
1514. Dominique de Roux — *L'Harmonika-Zug.*
1515. Marcel Aymé — *Le vin de Paris.*
1516. George Orwell — *La ferme des animaux.*
1517. Leonardo Sciascia — *A chacun son dû.*
1518. Guillaume de Lorris et Jean de Meun — *Le Roman de la Rose.*
1519. Jacques Chardonne — *Eva ou Le journal interrompu.*
1520. Roald Dahl — *La grande entourloupe.*
1521. Joseph Conrad — *Inquiétude.*
1522. Arthur Gold et Robert Fizdale — *Misia.*
1523. Honoré d'Urfé — *L'Astrée.*
1524. Michel Déon — *Le Balcon de Spetsai.*
1525. Daniel Boulanger — *Le Téméraire.*

1526.	Herman Melville	*Taïpi.*
1527.	Beaumarchais	*Le Mariage de Figaro. La Mère coupable.*
1528.	Jean-Pierre Chabrol	*La folie des miens.*
1529.	Bohumil Hrabal	*Trains étroitement surveillés.*
1530.	Eric Ollivier	*L'orphelin de mer.*
1531.	William Faulkner	*Pylône.*
1532.	Claude Mauriac	*La marquise sortit à cinq heures.*
1533.	Alphonse Daudet	*Lettres de mon moulin.*
1534.	Remo Forlani	*Au bonheur des chiens.*
1535.	Erskine Caldwell	*Le doigt de Dieu.*
1536.	Octave Mirebeau	*Le Journal d'une femme de chambre.*
1537.	Jacques Perret	*Roucou.*
1538.	Paul Thorez	*Les enfants modèles.*
1539.	Saul Bellow	*Le faiseur de pluie.*
1540.	André Dhôtel	*Les chemins du long voyage.*
1541.	Horace Mac Coy	*Le scalpel.*
1542.	Honoré de Balzac	*La Muse du département. Un prince de la bohème.*
1543.	François Weyergans	*Macaire le Copte.*
1544.	Marcel Jouhandeau	*Les Pincengrain.*
1545.	Roger Vrigny	*Un ange passe.*
1546.	Yachar Kemal	*L'herbe qui ne meurt pas.*
1547.	Denis Diderot	*Lettres à Sophie Volland.*
1548.	H. G. Wells	*Au temps de la comète.*
1549.	H. G. Wells	*La guerre dans les airs.*
1550.	H. G. Wells	*Les premiers hommes dans la Lune.*
1551.	Nella Bielski	*Si belles et fraîches étaient les roses.*
1552.	Bernardin de Saint-Pierre	*Paul et Virginie.*
1553.	William Styron	*Le choix de Sophie*, tome I.
1554.	Florence Delay	*Le aïe aïe de la corne de brume.*
1555.	Catherine Hermary-Vieille	*L'épiphanie des dieux.*
1556.	Michel de Grèce	*La nuit du sérail.*
1557.	Rex Warner	*L'aérodrome.*
1558.	Guy de Maupassant	*Contes du jour et de la nuit.*
1559.	H. G. Wells	*Miss Waters.*

1560. H. G. Wells — *La burlesque équipée du cycliste.*
1561. H. G. Wells — *Le pays des aveugles.*
1562. Pierre Moinot — *Le guetteur d'ombre.*
1563. Alexandre Vialatte — *Le fidèle Berger.*
1564. Jean Duvignaud — *L'or de la République.*
1565. Alexandre Boudard — *Les enfants de chœur.*
1566. Senancour — *Oberman.*
1567. Catherine Rihoit — *Les abîmes du cœur.*
1568. René Fallet — *Y a-t-il un docteur dans la salle ?*
1569. Buffon — *Histoire naturelle.*
1570. Monique Lange — *Les cabines de bain.*
1571. Erskine Caldwell — *Toute la vérité.*
1572. H. G. Wells — *Enfants des étoiles.*
1573. Hector Bianciotti — *Le traité des saisons.*
1574. Lieou Ngo — *Pérégrinations d'un digne clochard.*
1575. Jules Renard — *Histoires naturelles. Nos frères farouche. Ragotte.*
1576. Pierre Mac Orlan — *Le bal du Pont du Nord,* suivi de *Entre deux jours.*
1577. William Styron — *Le choix de Sophie,* tome II.
1578. Antoine Blondin — *Ma vie entre des lignes.*
1579. Elsa Morante — *Le châle andalou.*
1580. Vladimir Nabokov — *Le Guetteur.*
1581. Albert Simonin — *Confessions d'un enfant de La Chapelle.*
1582. Inès Cagnati — *Mosé ou Le lézard qui pleurait.*
1583. F. Scott Fitzgerald — *Les heureux et les damnés.*
1584. Albert Memmi — *Agar.*
1585. Bertrand Poirot-Delpech — *Les grands de ce monde.*
1586. Émile Zola — *La Débâcle.*
1587. Angelo Rinaldi — *La dernière fête de l'Empire.*
1588. Jorge Luis Borges — *Le rapport de Brodie.*
1589. Federico García Lorca — *Mariana Pineda. La Savetière prodigieuse. Les amours de don Perlimplin avec Bélise en son jardin.*
1590. John Updike — *Le putsch.*
1591. Alain-René Le Sage — *Le Diable boiteux.*
1592. Panaït Istrati — *Codine. Mikhaïl. Mes départs. Le pêcheur d'éponges.*

1593. Panaït Istrati — *La maison Thüringer. Le bureau de placement. Méditerranée.*
1594. Panaït Istrati — *Nerrantsoula. Tsatsa-Minnka. La famille Perlmutter. Pour avoir aimé la terre.*
1595. Boileau-Narcejac — *Les intouchables.*
1596. Henry Monnier — *Scènes populaires. Les Bas-fonds de la société.*
1597. Thomas Raucat — *L'honorable partie de campagne.*
1599. Pierre Gripari — *La vie, la mort et la résurrection de Socrate-Marie Gripotard.*
1600. Annie Ernaux — *Les armoires vides.*
1601. Juan Carlos Onetti — *Le chantier.*
1602. Louise de Vilmorin — *Les belles amours.*
1603. Thomas Hardy — *Le maire de Casterbridge.*
1604. George Sand — *Indiana.*
1605. François-Olivier Rousseau — *L'enfant d'Edouard.*
1606. Ueda Akinari — *Contes de pluie et de lune.*
1607. Philip Roth — *Le sein.*
1608. Henri Pollès — *Toute guerre se fait la nuit.*
1609. Joris-Karl Huysmans — *En rade.*
1610. Jean Anouilh — *Le scénario.*
1611. Colin Higgins — *Harold et Maude.*
1612. Jorge Semprun — *La deuxième mort de Ramón Mercader.*
1613. Jacques Perry — *Vie d'un païen.*
1614. W. R. Burnett — *Le capitaine Lightfoot.*
1615. Josef Škvorecký — *L'escadron blindé.*
1616. Muriel Cerf — *Maria Tiefenthaler.*
1617. Ivy Compton-Burnett — *Des hommes et des femmes.*
1618. Chester Himes — *S'il braille, lâche-le…*
1619. Ivan Tourguéniev — *Premier amour, précédé de Nid de gentilhomme.*
1620. Philippe Sollers — *Femmes.*
1622. Réjean Ducharme — *L'hiver de force.*
1623. Paule Constant — *Ouregano.*
1624. Miguel Angel Asturias — *Légendes du Guatemala.*
1625. Françoise Mallet-Joris — *Le clin d'œil de l'ange.*
1626. Prosper Mérimée — *Théâtre de Clara Gazul.*

1627.	Jack Thieuloy	*L'Inde des grands chemins.*
1628.	Remo Forlani	*Pour l'amour de Finette.*
1629.	Patrick Modiano	*Une jeunesse.*
1630.	John Updike	*Bech voyage.*
1631.	Pierre Gripari	*L'incroyable équipée de Phosphore Noloc et de ses compagnons.*
1632.	Mme de Staël	*Corinne ou l'Italie.*
1633.	Milan Kundera	*Le livre du rire et de l'oubli.*
1634.	Erskine Caldwell	*Bagarre de juillet.*
1635.	Ed McBain	*Les sentinelles.*
1636.	Reiser	*Les copines.*
1637.	Jacqueline Dana	*Tota Rosa.*
1638.	Monique Lange	*Les poissons-chats. Les platanes.*
1639.	Leonardo Sciascia	*Les oncles de Sicile.*
1640.	Gobineau	*Mademoiselle Irnois, Adélaïde* et autres nouvelles.
1641.	Philippe Diolé	*L'okapi.*
1642.	Iris Murdoch	*Sous le filet.*
1643.	Serge Gainsbourg	*Evguénie Sokolov.*
1644.	Paul Scarron	*Le Roman comique.*
1645.	Philippe Labro	*Des bateaux dans la nuit.*
1646.	Marie-Gisèle Landes-Fuss	*Une baraque rouge et moche comme tout, à Venice, Amérique...*
1647.	Charles Dickens	*Temps difficiles.*
1648.	Nicolas Bréhal	*Les étangs de Woodfield.*
1649.	Mario Vargas Llosa	*La tante Julia et le scribouillard.*
1650.	Iris Murdoch	*Les cloches.*
1651.	Hérodote	*L'Enquête,* Livres I à IV.
1652.	Anne Philipe	*Les résonances de l'amour.*
1653.	Boileau-Narcejac	*Les visages de l'ombre.*
1654.	Émile Zola	*La Joie de vivre.*
1655.	Catherine Hermary-Vieille	*La Marquise des ombres.*
1656.	G. K. Chesterton	*La sagesse du Père Brown.*
1657.	Françoise Sagan	*Avec mon meilleur souvenir.*
1658.	Michel Audiard	*Le petit cheval de retour.*
1659.	Pierre Magnan	*La maison assassinée.*
1660.	Joseph Conrad	*La Rescousse.*
1661.	William Faulkner	*Le Rameau.*

1662. Boileau-Narcejac — *Maléfices.*
1663. Jaroslav Hašek — *Nouvelles aventures du Brave Soldat Chvéïk.*
1664. Henri Vincenot — *Les voyages du professeur Lorgnon.*
1665. Yann Queffélec — *Le charme noir.*
1666. Zoé Oldenbourg — *La Joie-Souffrance,* tome I.
1667. Zoé Oldenbourg — *La Joie-Souffrance,* tome II.
1668. Vassilis Vassilikos — *Les photographies.*
1669. Honoré de Balzac — *Les Employés.*
1670. J. M. G. Le Clézio — *Désert.*
1671. Jules Romains — *Lucienne. Le dieu des corps. Quand le navire…*
1672. Viviane Forrester — *Ainsi des exilés.*
1673. Claude Mauriac — *Le dîner en ville.*
1674. Maurice Rheims — *Le Saint Office.*
1675. Catherine Rihoit — *La Favorite.*
1676. William Shakespeare — *Roméo et Juliette. Macbeth.*
1677. Jean Vautrin — *Billy-Ze-Kick.*
1678. Romain Gary — *Le grand vestiaire.*
1679. Philippe Roth — *Quand elle était gentille.*

Impression Bussière à Saint-Amand (Cher),
le 3 octobre 1985.
Dépôt légal : octobre 1985.
Numéro d'imprimeur 1947.
ISBN 2-07-037680-x. / Imprimé en France.

36669